CRISPYROBs
MEINE TOP
50
FEEL GOOD
REZEPTE

CrispyRob ist YouTuber und veröffentlicht seit 2015 auf seinem gleichnamigen YouTube-Kanal wöchentlich lustige Challenges, verrückte Pranks und Kochvideos. Rob hat seine Leidenschaft zum Kochen schon früh entdeckt und über die Jahre seine Rezepte für jede Lebenslage perfektioniert. Kein Wunder, dass seine Kochserie »Meine Top 5 ...« zu den beliebtesten Kochvideos auf YouTube gehört. Sein erstes eigenes Kochbuch »Meine Top 50 Rezepte« für Sandwichmaker & Co. war bereits ein voller Erfolg und stieg direkt auf Platz 1 der Ratgeber-Bestsellerliste ein.

Weitere Informationen zum Kinder- und Jugendbuchprogramm der S. Fischer Verlage finden sich auf www.fischerverlage.de

CRISPYROBs
MEINE TOP
50
FEEL GOOD
REZEPTE

Schnelle und einfache Gerichte für Leib und Seele

FISCHER

Originalausgabe

Erschienen bei FISCHER New Media
Frankfurt am Main, November 2019

© 2019 Fischer Kinder- und Jugendbuch Verlag GmbH, Hedderichstraße 114,
60596 Frankfurt am Main

Rezepte: CrispyRob
Foodstyling: Cäthe Klein
Rezeptfotos: © Stephan Ortmanns
Cover- und Innenillustrationen : © Falco
Lektorat: Waltraud Grill
Layout und Satz: Christiane Hahn, Frankfurt am Main
Umschlaggestaltung: Norbert Blommel, MT Vreden,
nach einer Idee von CrispyRob
Coverfoto: © Stephan Ortmanns
Bildnachweis: siehe Seite 160

Druck und Bindung: Print Consult GmbH, München
Printed in Hungary

ISBN 978-3-7335-0590-5

Für meine Eltern, die mir ein sicheres
und glückliches Leben geschenkt haben.
Für mein Team, das für mich wie eine
Familie geworden ist.
Für meine Community, die mich dazu motiviert,
Tag für Tag mein Bestes zu geben.

INHALTSVERZEICHNIS

VORWORT

Leute, was soll ich sagen? Ich kann es nicht glauben, aber jetzt sitze ich da und schreibe das Vorwort zu meinem zweiten Kochbuch. »Hätte eines nicht gereicht?«, mag vielleicht der eine oder die andere von euch denken. Nee, reicht anscheinend nicht, denn meine stetig wachsende Community beweist das Gegenteil. Meine Freunde da draußen sind bereit fürs Kochen und wollen einfach mehr. Schon als ich mein erstes Sandwich-Video auf YouTube hochgeladen habe, habe ich gemerkt, dass es ein krass großes Interesse an Koch-Content gibt. Seit ich regelmäßig Koch-Videos hochlade und seit Erscheinen meines ersten Kochbuches kann ich eine regelrechte Kochbegeisterung in der Community feststellen. Ich erhalte wöchentlich Hunderte von Nachrichten und Bildern auf Instagram, so dass ich es wage, von einer kleinen »Mini-Revolution« im Internet zu sprechen. Wenn ich dann von einer Mama die Nachricht bekomme, dass ihr Sohn eine Stunde mal nicht gezockt, sondern gekocht hat, dann macht das sogar mich stolz.

Stolz bin ich echt darauf, was ich mit meinem Kanal und mit meinem ersten Buch bewirkt habe. Ich habe es geschafft, dass sich echt viele Leute mit Kochen beschäftigen, die vorher nicht mal auf den Gedanken gekommen wären, dass man in einer Küche auch kochen kann. Mit einem so großen Erfolg hatte ich nicht gerechnet, und ich bin selbst am meisten davon überrascht, wie groß die Resonanz auf meine Videos war und ist – zumal ich ja kein Sterne-Koch bin, sondern ein stinknormaler Junge von nebenan, der gerne kocht, das Ganze filmt und ins Internet stellt. Aber vielleicht ist das genau der Grund, warum meine Videos geschaut und die Rezepte nachgemacht werden. Ich koche ganz »normal«, ohne »Philosophie«, ohne groß nachzudenken, ohne seitenlange Rezepte, ohne Netz und doppelten Boden. So wie jeder eben – und jeder, der mir zusieht, sagt sich, wenn *der* das hinbekommt, dann schaffe ich das auch. Und genau das will ich erreichen: Geht einfach in die Küche, stellt euch an den Herd und kocht euch was Leckeres.

Auch in diesem Buch werdet ihr keine »supergesunden« Rezepte finden, mit denen ihr in drei Wochen euer Wunschgewicht erreicht. Was ihr aber bekommen werdet, sind Rezepte, die ein Wohlfühlgefühl bei euch hinterlassen werden. Ich möchte euch auch in meinem zweiten Buch zeigen, dass Kochen und Essen viel mehr ist als nur reine Nahrungszubereitung und -aufnahme.

In diesem Sinne viel Spaß beim Kochen und Genießen!

Euer Rob, CrispyRob

SOMATISCHE INTELLIGENZ ODER:
HÖR AUF DEIN BAUCHGEFÜHL!

Wenn du mein Vorwort aufmerksam gelesen hast, dann weißt du, dass ich eigentlich keine Philosophie beim Kochen verfolge. Einen kleinen philosophischen Touch hat dieses Kochbuch aber schon. Denn so ganz planlos koche ich auch nicht, und ich stopfe auch nicht wahllos Sachen in mich hinein. Ich mache mir durchaus Gedanken darüber, was ich essen möchte und wie ich es zubereite. Was ich aber grundsätzlich ablehne, sind strikte Diätpläne, Lebensmitteltabus oder Verbote (generell und in der Küche sowieso). Ich halte nichts davon, sich möglichst kohlenhydratarm zu ernähren, nach nach 17 Uhr nur noch Flüssigkeiten und proteinhaltige Lebensmittel zu sich zu nehmen oder sonstige zweifelhafte Ernährungsregeln zu befolgen. Denn nichts sagt mir so genau, was ich brauche, wie mein Körper selbst. Wenn man ein gesundes Verhältnis zum Essen hat (und das trifft leider nicht für alle zu), dann kann man in der Regel darauf hören, was einem der Bauch so sagt.

Nach frustrierenden Erlebnissen oder bei Liebeskummer schreit bei vielen der Körper regelrecht nach Schokolade. Und das hat seinen Grund. Denn wie jeder weiß, enthält Schokolade einen Stoff, aus dem unser Körper das Glückshormon Serotonin erzeugt. Bei Kummer ist es also völlig logisch, dass wir etwas essen möchten, das in unserem Gehirn ein Wohlgefühl auslöst. Doch genauso wissen wir auch, dass zu viel Schokolade uns nicht guttut, denn wir können dadurch dick und träge werden. Genauso ist es mit allen anderen Lebensmitteln auch. In fast jedem ist etwas enthalten, was unser Körper braucht, doch das heißt nicht, dass wir alles maßlos essen sollen. Vor allem aber sollten wir auch wissen, was in den Lebensmitteln enthalten ist und welche Mengen davon der Körper braucht.

Und jetzt wird es richtig philosophisch: Wer ein gutes Gefühl für seinen Körper besitzt, der weiß, was er ihm geben muss. Das ist nicht nur auf die Nahrungsmittel bezogen, sondern das meint auch Schlaf und Ruhe ebenso wie Bewegung. Wenn ich mich in und mit meinem Körper wohlfühle, dann fühle ich mich insgesamt gut. Im besten Fall sind Körper, Geist und Seele dann im Einklang.

Vielleicht erinnert ihr euch noch an mein Vorwort zu meinem ersten Buch. Dort habe ich geschrieben, dass ich viele Dinge in meinem Leben aus dem Bauch heraus entschieden habe. Und dass ich es nicht bereue, auf mein Bauchgefühl gehört zu haben. Das sehe ich heute immer noch so. Bei vielen Dingen fühlt sich die Bauchentscheidung einfach richtig an, selbst wenn ich vorher alles im Kopf hin- und herüberlegt habe und eine – vielleicht andere – »vernünftige« Entscheidung treffen wollte.

Was euch damit sagen will: Hört auf euer Bauchgefühl und geht achtsam mit eurem Körper um!

WIE ICH AUF DEN BURRITO KAM

Wie ihr vielleicht wisst, bin ich für meinen YouTube-Start nach Köln gezogen, und neben unserem Büro hat etwa zeitgleich ein Burrito-Laden eröffnet. Was für ein Zufall!

Als Student war mir Essengehen damals fremd, denn finanziell war das einfach nicht drin. Doch mein Team und ich waren hochmotiviert, und wir wollten arbeiten. Daher haben wir beschlossen, einmal am Tag auswärts essen zu gehen, um Zeit zu sparen. Und da war dann eben dieser neu eröffnete Burrito-Laden ...

Nun ja, was soll ich groß erzählen? Wir sind 30 Tage hintereinander, immer um 16 Uhr, zu dem Laden marschiert und haben Burritos gegessen. So ein Burrito schmeckt einfach geil, macht satt und kostet auch nicht so viel. Ich habe zweimal die Stempelkarte vollgemacht, und so gab's am Ende noch zwei Portionen gratis zu meinen bezahlten 30 dazu! Seitdem war ich also angefixt – auch wenn es nach dieser Burrito-Orgie erst einmal eine Burrito-Pause gab.

Was ist aber nun ein Burrito? Das Gericht stammt aus der mexikanischen Küche und ist eine Tortilla, die unter anderem mit Hackfleisch, Bohnen, Reis, Tomaten, Avocado oder Käse gefüllt und dann eingerollt wird. Eine Tortilla wiederum ist ein mexikanisches Fladenbrot, das traditionellerweise aus Maismehl hergestellt wird. Für Burritos werden aber Tortillas aus Weizenmehl und Fett verwendet, da diese auch kalt weich und damit rollbar sind. Und wenn du jetzt denkst, dass eine Tortilla doch ein Omelett aus Eiern, Kartoffeln und Zwiebeln ist, dann hast du Recht, denn mit Tortilla werden sowohl das mexikanische Fladenbrot als auch das spanische Omelett bezeichnet, haben aber außer dem Namen nichts miteinander zu tun.

Da wir gerade bei Bezeichnungen sind: Ein Burrito wird häufig auch Wrap genannt, was sich aus dem englischen Wort »wrap« für »wickeln«, »einhüllen« herleitet. Die Erklärung liegt auf der Hand. Für einen Wrap werden ebenfalls verschiedene Zutaten wie gebratenes Fleisch, Gemüse oder Salat, Guacamole, Sauerrahm oder Ähnliches in ein Fladenbrot eingewickelt. Ein Burrito oder Wrap eignet sich hervorragend als Fingerfood und erfreut sich vor allem in den USA und in Europa großer Beliebtheit.

PHILLY-CHEESESTEAK-BURRITO

*Ich glaube, es gibt nichts Geileres als ein Philly-Cheesesteak.
Ich liebe diesen Geschmack einfach! Aber ich wäre nicht CrispyRob,
wenn ich nicht mein eigenes Rezept daraus gemacht hätte. Ich
habe das klassische Rezept ein wenig abgewandelt und das Steak
in einem Burrito verpackt!
Ein Burrito für jeden, der es gerne herzhaft und cheesy mag.*

ZUTATEN FÜR 2 PORTIONEN:

150 g Reis
½ Zwiebel
50 g Champignons
½ rote Paprika
1 Knoblauchzehe
Salz
Pfeffer
125 g Rinderhüfte
100 g Provolone-Käse
2 Tortilla-Fladen
2 TL Frischkäse
30g Rucola

Zubereitungszeit: 30 Minuten

Koche zuerst den Reis nach Packungsvorschrift.
Schäle danach die Zwiebel. Wasche die Champignons
und die Paprika, schneide sie in kleine Stücke und brate
sie mit etwas Öl unter gelegentlichem Umrühren
ungefähr 8 Minuten leicht an.
Gib als Nächstes den kleingeschnittenen Knoblauch
hinzu und brate ihn eine halbe Minute an. Würze mit
Salz und Pfeffer und gib alles auf eine Seite der Pfanne.
Schneide das Rindfleisch in Streifen und brate es
2 Minuten auf der freien Fläche in der Pfanne an und
vermische es anschließend mit dem Gemüse.
Teile den Inhalt der Pfanne in zwei gleiche Portionen auf,
gib jeweils die Hälfte des Käses darüber und lass den
Käse schmelzen.
Röste in der Zwischenzeit die Tortilla-Fladen in einer
Pfanne kurz an.
Verstreiche den Frischkäse auf dem Tortilla-Fladen und
lege den Rucola darauf.
Verteile zum Schluss den Reis und die zwei Pfannen-
portionen auf die beiden Tortilla-Fladen und rolle diese
zusammen.

MINI-BURRITOS

Manchmal ist selbst mir ein großer Burrito zu viel. Deswegen gibt es hier für euch eine Art Mini-Variante des klassischen Burritos. Sie ist nicht nur perfekt, um sie alleine zu snacken, sondern auch perfekt für Partys als Fingerfood oder als Food to go, wenn man mal keine Lust auf die klassischen Butterbrote hat.

ZUTATEN FÜR 2 PORTIONEN:

Für den Burrito:

250 g Hähnchenbrustfilet

½ TL rosenscharfes Paprikapulver

1 EL Olivenöl

Für die Guacamole:

1½ Knoblauchzehen

½ Zwiebel

1 Avocado

60 g Naturjoghurt

2 EL Zitronensaft

Salz

Pfeffer

Außerdem:

½ Kopf Eisbergsalat

10 getrocknete Tomaten in Öl

10 Mini-Tortillas

Zubereitungszeit: 45 Minuten

Wasche zuerst das Hähnchenbrustfilet und schneide es in kleine Würfel.

Mariniere dann die Würfel mit dem Paprikapulver und brate sie in einer Pfanne mit etwas Olivenöl an. Würfle als Nächstes den Knoblauch und die Zwiebel fein. Püriere sie grob zusammen mit der Avocado, dem Joghurt und dem Zitronensaft. Würze die Guacamole mit Salz und Pfeffer.

Wasche den Salat, schleudere ihn trocken und schneide ihn in kleine Streifen ebenso wie die getrockneten Tomaten.

Röste die Tortilla-Fladen kurz in einer Pfanne an und halbiere sie.

Bestreiche sie danach mit der Avocado-Creme und verteile die Hähnchenwürfel, den Salat und die Tomaten darauf.

Rolle zum Schluss die Mini-Tortillas zusammen, fixiere sie mit Holzspießen und serviere sie mit der restlichen Guacamole.

CRISPYROB-TIPP:

Du kannst hier auch ganz andere Füllungen nehmen. Probier dich einfach aus und nimm, was dir am besten schmeckt.

PROTEIN-BURRITO

Diesen Burrito habe ich für meine sportlichen Freunde entwickelt, die sehr genau darauf achten, was sie essen, aber gerne auch mal cheaten. Der Protein-Burrito ist eine coole Lösung für die Sportler unter euch, die gerne auch mal sündigen, aber dabei kein schlechtes Gewissen haben wollen. Im Gegensatz zu Nudeln oder Reis, die ausschließlich aus Kohlenhydraten bestehen, hat Quinoa neben den Kohlenhydraten noch wichtige Proteine, Vitamine, ungesättigte Fettsäuren und Mineralstoffe, die euren Fitnessplan unterstützen!

ZUTATEN FÜR 2 PORTIONEN:

Für die Quinoa:
80 g Quinoa
etwas Olivenöl zum Anbraten
160 ml Gemüsebrühe

Für die schwarzen Bohnen:
200 g schwarze Bohnen aus der Dose
1½ TL Limettensaft
½ EL gehackter Koriander
Salz
Pfeffer

Für den Salat:
75 g Salat
½ TL Limettensaft
1 EL Olivenöl
Salz
Pfeffer

Brate zuerst die Quinoa mit etwas Öl in einer Pfanne an und lösche sie mit der Gemüsebrühe ab.

Lass das Ganze dann bei mittlerer Hitze etwa 15 Minuten köcheln, bis die Brühe komplett aufgesogen ist.

Gib die schwarzen Bohnen in ein Sieb und lass sie abtropfen.

Mariniere sie anschließend mit Limettensaft, Koriander, Salz und Pfeffer.

Wasche den Salat, schleudere ihn trocken und schneide ihn in feine Streifen.

Verrühre den Limettensaft, das Olivenöl, Salz und Pfeffer zu einem Dressing und gib es über den Salat.

Püriere die Avocado zusammen mit dem Limettensaft und etwas Salz.

Vermenge als Nächstes die Quinoa mit den schwarzen Bohnen.

»Der Geschmack ist wirklich hammer!«

Für den Dip:

½ Avocado

½ EL Limettensaft

Salz

Für die Tortillas:

2 Tortilla-Fladen

75 g gewürfelte Kirschtomaten

1 TL gehackter Koriander

½ rote, gehackte Zwiebel

Zubereitungszeit: 35 Minuten

Erwärme die Tortilla-Fladen kurz in einer Pfanne und verteile dann die Quinoa, die Bohnen und den Salat darauf.
Streue die Tomaten, den Koriander und die Zwiebeln darüber.
Rolle zum Schluss die Tortilla-Fladen ein und serviere sie mit dem Dip.

CRISPYROB-TIPP:
Als Dip kannst du auch einfach nur Schmand verwenden oder Naturjoghurt mit einem Spritzer Zitrone und einer Prise Salz.

»Schmeckt einfach nur geil!«

SUSHI-BURRITO

Wie schon in meinem ersten Buch erwähnt, bin ich ein riesiger Fan der asiatischen Küche. Deswegen durfte hier auch kein asiatischer Burrito fehlen. Natürlich war die erste Wahl für mich, den mexikanischen Burrito mit meinem Lieblingsessen, dem asiatischen Sushi, zu verbinden. Herausgekommen ist dieser Sushi-Burrito. Ich hoffe, er schmeckt euch!

ZUTATEN FÜR 2 PORTIONEN:
200 g Sushi-Reis
100 g Sashimi-Lachs
½ Bund Rucola
½ Salatkopf
2 Nori-Blätter
½ Avocado
weißer und schwarzer Sesam
Sojasoße

Zubereitungszeit: 45 Minuten

Koche zuerst den Sushi-Reis nach Packungsvorschrift und lass ihn abkühlen.
Schneide anschließend den Lachs in kleine Streifen.
Wasche den Salat und zupfe ihn in grobe Stücke.
Lege als Nächstes die Nori-Blätter aus und verteile den Reis darauf.
Gib die Salatblätter und die Lachsstreifen auf den Reis.
Schäle die Avocado und hoble anschließend mit einem Käsehobel oder Kartoffelschäler hauchdünne Scheiben über das Sushi.
Streue danach schwarzen und weißen Sesam darauf.
Rolle zum Schluss die Nori-Blätter zusammen und serviere das Ganze mit Sojasoße.

CRISPYROB-TIPP:
Hier kannst du natürlich auch etwas anderes als Lachs nehmen. Thunfisch schmeckt auch sehr lecker, oder du ersetzt den Fisch für eine vegetarische Alternative mit mehr Avocado, Paprika oder eingelegtem Kürbis.

BURRITO MIT COUSCOUS UND FETA

Neben der bereits erwähnten Quinoa stellt auch Couscous eine sehr gute Proteinquelle dar - und damit nicht genug - unterstützt Couscous auch unser Immunsystem und enthält Ballaststoffe, die in unserem Stoffwechsel eine wichtige Rolle spielen. Zudem hat das Getreide wenig Kohlenhydrate und macht sehr lange satt. Also ist es perfekt für Tage, an denen man lange durchhalten muss.

ZUTATEN FÜR 2 PORTIONEN:

Für den Couscous:

200 g Couscous

Salz

Pfeffer

etwas Paprikapulver

Chiliflocken nach Belieben

300 ml Wasser

Für die Füllung:

1 Knoblauchzehe

2 Frühlingszwiebeln

Koriander nach Belieben

50 g Oliven

120 g Mais

Außerdem:

2 Tortilla-Fladen

200 g Naturjoghurt

100 g Feta

Zubereitungszeit: 30 Minuten

Gib zuerst den Couscous mit Salz, Pfeffer, Paprikapulver und Chiliflocken in eine große Schüssel. Übergieße den Couscous mit dem kochend heißen Wasser, rühre um und lass das Ganze abgedeckt 5 Minuten ziehen.

Schäle als Nächstes den Knoblauch und die Frühlingszwiebeln. Schneide sie und den Koriander klein.

Wenn du Oliven und Mais aus der Dose verwendest, dann gib sie in ein Sieb und lass sie abtropfen.

Röste dann die Tortilla-Fladen kurz in einer Pfanne an. Bestreiche anschließend die Tortilla-Fladen mit Naturjoghurt und verteile den Couscous und das Gemüse sowie die Oliven und den Mais darauf.

Verteile zum Schluss den Feta-Käse auf den Tortilla-Fladen und rolle diese zusammen.

RUND UM DIE AVOCADO

Was bei einem echt geilen Burrito nie fehlen darf, ist die Guacamole, auch wenn schon zwei, drei andere Soßen drin sind. Ich liebe Guacamole. Für eine gelungene Guacamole brauchst du reife Avocados. Und da habe ich zwei ultimative Tipps für dich.

DER AVOCADO-REIFETEST-TIPP:

Du stehst im Supermarkt und möchtest eine Avocado kaufen, weißt aber nicht, welche schon reif ist und welche nicht? Dann mach Folgendes:
Entferne den Stielansatz der Avocado und kontrolliere, ob dann etwas Helles oder Dunkles zu sehen ist. Je dunkler die Stelle auf der Avocado ist, desto reifer ist sie. Zum Vergleich kannst du ja mal die Stielansätze von ein paar anderen Avocados abnibbeln und dann schauen, welche die dunkelste Stelle aufweist. Die ist unter Garantie die reifste. Alle, die nach dir an das Avocado-Regal gehen, werden sehr schnell erkennen, dass da ein Profi die Avocados geprüft hat. Dieser Reifetest klappt zu 100 Prozent!

DER WIE-BEKOMME-ICH-EINE-HARTE-AVOCADO-WEICH-TIPP:

Wenn du meinen Avocado-Reifetest nicht angewendet hast und zu Hause feststellst, dass du eine unreife, harte Avocado gekauft hast, dann kannst du versuchen, sie noch essbar zu machen. Dazu musst du sie in Alufolie einwickeln und bei 90 °C für 20 bis 30 Minuten in den Backofen legen. Natürlich kannst du diese quick-gereifte Avocado geschmacklich nicht mit einer natürlich gereiften Avocado vergleichen, aber du kannst sie immerhin essen bzw. zu Guacamole verarbeiten. Denn es gibt echt nichts Schlimmeres, als eine unreife Avocado zu essen. Da hat man wirklich keinen Spaß daran.

GEHE ACHTSAM MIT AVOCADOS UM

So gern ich Avocados esse, so sehr bremse ich meinen Konsum, denn die weltweite Nachfrage nach ihnen – vor allem die Nachfrage in Europa – steigt kontinuierlich rapide an, mit dramatischen Folgen für die Länder, in denen sie produziert werden, allen voran Chile. Denn die Avocado ist eine sehr wasser-intensive Frucht: Für ein Kilo Avocado braucht man 1000 Liter Wasser! Wasser, das in den Anbaugebieten letztlich nicht (mehr) vorhanden ist, was nicht nur zu Wasserknappheit für den Anbau anderer Pflanzen führt, sondern auch die Trinkwasserversorgung der Bevölkerung bedroht. Ausgetrocknete Böden und Waldbrände sind ebenfalls katastrophale Folgen dieses Raubbaus an der Natur.

VEGGIE TOFU-WRAPS

Tofu ist nicht nur eine gute Fleischalternative, sondern es gibt ihn mittlerweile in so gut wie jedem Einkaufsladen. Er enthält viel pflanzliches Eisen, Vitamin B6, das gut für unseren Stoffwechsel ist, sowie Kalzium, das zu 99 % vom Körper in Knochen und Zähnen gespeichert wird, und Folsäure, die elementar wichtig für unseren Körper bei dem Aufbau und der Reparatur von Zellen ist.

ZUTATEN FÜR 2 PORTIONEN:

200 g Tofu

Salz

Pfeffer

1 Knoblauchzehe

1 TL Sojasoße

2 Frühlingszwiebeln

1 Handvoll Koriander

70 g Sojasprossen

Teriyaki-Soße nach Belieben

2 Tortilla-Fladen

Zubereitungszeit: 20 Minuten

Brate zuerst den Tofu mit Salz, Pfeffer, dem kleingeschnittenen Knoblauch und der Sojasoße an. Brate ihn so lange, bis er außen leicht goldbraun wird, innen aber immer noch luftig ist. Wasche als Nächstes das Gemüse. Schneide die Frühlingszwiebeln klein und zerpflücke den Koriander. Würfle den Tofu und gib ihn in eine Schale, füge das Gemüse hinzu und würze mit Teriyaki-Soße nach Belieben. Mische alles gut durch. Röste dann die Tortilla-Fladen kurz in einer Pfanne an. Verteile das Gemüse und den Tofu auf den Fladen und rolle sie zusammen.

CRISPYROB-TIPP:
Hier kannst du statt Teriyaki-Soße
auch Hoisin-Soße verwenden.

ROTE-BETE-PFANNKUCHEN-WRAPS MIT RUCOLA

Als waschechter Russe darf in meinem Kochbuch natürlich ein Rezept mit Rote Bete nicht fehlen. Weil Borschtsch aber zu klassisch für mein Kochbuch wäre, habe ich mir ein neues Rezept überlegt. Die Wraps sind auch super für Partys und lassen sich ganz leicht portionieren und mit einem Zahnstocher essen.

ZUTATEN FÜR 2 PORTIONEN:

Für die Pfannkuchen:

250 ml Milch
(Kuh-, Mandel-, Soja-Milch etc.)

2 Eier

150 g Mehl

1 EL Öl

1 Prise Salz

Zutaten für die Füllung:

150 g Frischkäse

20 ml Rote-Bete-Saft

Salz

Pfeffer

1 Zitrone

100 g Rucola

Außerdem:

Balsamico-Creme zum Garnieren

Zubereitungszeit: 25 Minuten

Vermenge alle Zutaten für die Pfannkuchen miteinander. Achte darauf, dass alles schön vermischt ist.

Backe einen Pfannkuchen nach dem anderen, bis der Teig aufgebraucht ist. Lasse sie von beiden Seiten schön goldbraun werden. Du musst sie nicht warmhalten.

Vermische nun den Frischkäse mit dem Rote-Bete-Saft, bis eine pinke Masse entsteht.

Würze mit Salz, Pfeffer und einem Spritzer aus einer frischen Zitrone.

Nimm dir als Nächstes einen abgekühlten Pfannkuchen und bestreiche ihn mit der Rote-Bete-Creme. Du kannst hier ruhig etwas dicker auftragen, wenn du magst.

Verteile den Rucola auf der Creme.

Rolle nun die Pfannkuchen zusammen und schneide sie in kleine Stücke.

Garniere sie zum Schluss auf einem Teller und träufle etwas Balsamico-Creme über die Röllchen.

SERRANO-WRAPS

*Auch wenn Falco Italiener ist und der Serrano-Schinken aus
Spanien kommt, verbinde ich - glaube ich - kein Essen mehr mit
Falco als Serrano-Schinken. Ich erinnere mich genau, wie wir
uns einen riesigen Schinken für die WG besorgt haben und Falco
und ich jeden Abend davor saßen, uns über Gott und die Welt unter-
hielten und einfach Schinken gegessen haben. Ohne Brot und alles!
Einfach so: Falco, der Schinken und ich :)*

ZUTATEN FÜR 2 PORTIONEN:

60 g Frischkäse

1 TL Worcestersoße

Salz

Pfeffer

2 Tortilla-Fladen

40 g Pinienkerne

½ Packung Serrano-Schinken

(etwa 50 g)

60 g Rucola

20 g Hartkäse

(Sorte nach Belieben)

Zubereitungszeit: 10 Minuten

Vermische zunächst den Frischkäse mit der Worcester-
soße und würze das Ganze mit Salz und Pfeffer.
Bestreiche danach die Tortillas mit dem Frischkäse.
Röste anschließend die Pinienkerne mit etwas Öl in einer
Pfanne, bis sie goldbraun sind.
Lege den Schinken auf die mit Frischkäse bestrichenen
Tortillas, danach den Rucola und die Pinienkerne.
Reibe zum Schluss etwas Hartkäse darüber.
Rolle die Tortilla-Fladen zusammen und schneide sie in
kleine, mundgerechte Happen.

»Ich liebe es, wenn Dinge einfach sind und geil schmecken!«

FISCHSTÄBCHEN-WRAPS

Ich liebe Fischstäbchen! Als Kind habe ich sie oft gegessen, aber je älter ich wurde umso mehr habe ich vergessen, dass es diese kleinen, goldenen Stäbchen noch gibt! Aber nur Fischstäbchen ohne alles geht gar nicht, da musste ein bisschen mehr Verpackung und Grünes dazu. So bin ich auf die Fischstäbchen-Wraps gekommen. Das perfekte Essen für Groß und Klein, wenn es mal schnell gehen muss, aber trotzdem lecker sein soll!

ZUTATEN FÜR 2 PORTIONEN:
4 Fischstäbchen
2 Tortilla-Fladen
etwas Remouladensoße
1 Packung Feldsalat
½ Gurke
1 Zitrone

Zubereitungszeit: 20 Minuten

Brate zunächst die Fischstäbchen in der Pfanne von beiden Seiten gut durch.
Nimm die Tortillas und bestreiche sie mit der Remoulade. Wasche danach den Salat und die Gurke und schneide diese klein.
Lege nun zwei Fischstäbchen übereinander in die Mitte auf einen Tortilla-Fladen.
Gib den Salat und die Gurkenstückchen darüber und füge noch ein Spritzer Zitronensaft hinzu.
Rolle zum Schluss die Wraps zusammen.

Fertig ist eine superschnelle Mahlzeit, die auch noch einfach zuzubereiten ist!

CRISPYROB-TIPP:
Hier kannst du natürlich auch noch mehr
Gemüse hinzufügen. Ich finde, manchmal ist
weniger mehr. Außer bei Käse natürlich :D

DÖNER-WRAPS

ZUTATEN FÜR 2 PORTIONEN:

Für die Wraps:

2–3 Blätter Eisbergsalat

2 Tomaten

3 Zwiebeln

Salz

Chili-Paprika-Gewürz

200 g Döner- oder Gyrosfleisch

4 Tortilla-Wraps

Für die Joghurtsoße:

1 Knoblauchzehe

250 g Sahnejoghurt

1 TL kleingehackte Minze

Salz

Pfeffer

1 Spritzer Zitrone

Zubereitungszeit: 30 Minuten

Schäle zunächst für die Soße den Knoblauch und drücke ihn durch die Knoblauchpresse. Vermische ihn mit den restlichen Zutaten und lass alles durchziehen.

Wasche währenddessen den Eisbergsalat und schneide ihn in Streifen.

Wasche die Tomaten und würfle sie.

Schäle die Zwiebeln und schneide sie in feine, halbe Ringe. Bestreue sie mit Salz und Chili-Paprika-Gewürz.

Brate danach das Döner- oder Gyrosfleisch gut durch.

Lege die Tortilla-Wraps nebeneinander auf die Arbeitsfläche, belege sie mit Salat und verteile das Fleisch, die Tomaten, die Zwiebeln und die Joghurtsoße darüber.

Wickle die Tortilla-Wraps fest auf und genieße!

CRISPYROB-TIPP:
Es gibt in vielen Supermärkten bereits vegetarisches Döner-/Gyrosfleisch. Probier das Rezept doch mal mit der pflanzlichen Alternative aus, wenn du mal auf Fleisch verzichten willst :D

BOWLS – ESSEN AUS DER SCHALE

Erinnert ihr euch noch an die Geschichte, wie ich Burritos kennen und lieben gelernt habe? So ähnlich war es auch mit den Bowls.

Zwei, drei Jahre nach der Burrito-Orgie erzählte mir mein WG-Mitbewohner Filipe, dass ein Bowl-Laden in Köln aufgemacht hat. Ja, ihr erkennt die Parallele ... aber mittlerweile war ich ja auch schon ein wenig älter und zunächst nicht sonderlich an dem Bowl-Laden interessiert. Filipe ging aber echt jeden Tag dort hin und schwärmte megakrass von den Bowls, wie lecker die sind. Als er schließlich seine Stempelkarte voll hatte, hat er mich zu seiner Bonus-Bowl eingeladen. Ich habe mir dann eine Lachs-Avocado-Bowl bestellt und habe die gegessen. Und was soll ich sagen? Es war sooooooo unglaublich lecker! Seit dem Tag gehe ich jetzt am liebsten zum Bowl-Essen. Es schmeckt lecker, du kannst dir deine Bowl individuell zusammenstellen und es fühlt sich einfach gut an, eine Bowl zu essen. Du musst kein schlechtes Gewissen dabei haben, dass du dir etwas Fettiges reingezogen hast, wie du es nach dem Besuch einer Fastfood-Kette hast.
Im Vergleich zu Burritos sind Bowls allerdings teuer, und da ist es nicht drin, dass man jeden Tag zum Bowl-Essen geht. Außerdem kann man sich eine Bowl kostengünstig leicht selbst zu Hause machen und dabei dasselbe Genusserlebnis haben.

Das Grundsystem einer Bowl ist, dass du dir ganz einfach und ohne großartige Koch-prozesse eine leckere Mahlzeit zusammenstellen kannst. Du kochst dir einen ganz normalen Reis – den hast du dann als Grundlage –, gibst jede Menge Gemüse dazu und eine leichte Soße und das war's. Es gibt hier keine Kochvorgänge, bei denen die Zutaten irgendwie ungesund werden könnten, wie z. B. beim Frittieren. Du verwendest die Zutaten oft in naturreiner Form. Daher enthalten Bowls oft viel Rohkost. Und daher kommt auch das gute Gefühl bei dem Genuss einer Bowl.

Das Essen aus einer Schale – nichts anderes ist ja eine Bowl – ist seit drei, vier Jahren zum Trend geworden, als Foodblogger dieses Gericht populär machten. Ursprünglich stammt es aus der hawaiianischen Küche, in der man rohen Fisch mit Sojasoße und Sesamöl mariniert und zusammen mit Frühlingszwiebeln und Avocado als Salat in einer Bowl serviert.

CLASSIC-POKÉ-BOWL MIT LACHS ODER THUNFISCH

Poké-Bowls sind perfekt für jeden, der gerne kreativ in der Küche wird! Übrigens wird das Wort Poké folgendermaßen ausgesprochen: Poh-Keh. Und es bedeutet so viel wie „in diagonale Stücke schneiden". Eigentlich könnt ihr in eure Poké-Bowl alles reintun, worauf ihr Lust habt! Hier folgt ein klassisches Rezept, mit dem ihr starten könnt. Danach könnt ihr wild rumprobieren, was euch am besten schmeckt.

ZUTATEN FÜR 2 PORTIONEN:

100 g Reis

200 g Lachs oder Thunfisch

1 Stange Frühlingszwiebel

1 EL Sojasoße

1 EL Sesamöl

1 TL Honig oder
Agavendicksaft

½ TL Chiliflocken
 (nach Belieben mehr)

2 TL weißer Sesam

1 mittelgroße Avocado

½ mittelgroße Salatgurke

1 mittelgroße Karotte

1 cm Ingwer

10 Cherrytomaten

Zubereitungszeit: 60 Minuten

Koche zuerst den Reis nach Packungsvorschrift und stelle ihn dann kalt.

Schneide jetzt den Lachs oder den Thunfisch in etwa 1,5 cm große Würfel. Am besten nimmst du dafür ein sehr scharfes Messer, dann lässt sich der Fisch besser schneiden.

Schneide die Frühlingszwiebel in feine Ringe und vermische sie für die Marinade mit der Sojasoße, dem Sesamöl, dem Honig oder Agavendicksaft und den Chiliflocken.

Lege den Fisch darin ein und decke ihn mit Klarsichtfolie ab, damit die Marinade gut einziehen kann.

Röste nun den Sesam in einer Pfanne ohne Öl kurz an, bis es lecker nach Sesam riecht. Ob er fertig ist, erkennst du daran, dass er goldbraun wird. Nimm ihn dann aus der Pfanne.

Schneide als Nächstes die Avocado in Scheiben und die Salatgurke und die Karotte in kleine Würfel.

Hoble den Ingwer mit einem Gemüseschäler in feine Streifen. Befülle nun deine Bowl. Starte mit dem Reis und füge dann den Fisch und das Gemüse hinzu. Gib den gerösteten Sesam und den frischen Ingwer oben darauf. Fertig!

**CRISPYROB-TIPP:
Anstelle von Fisch kannst
du auch Tofu verwenden.**

VEGGIE-BOWL MIT KARTOFFELN

Da die meistens Bowls mit Reis gemacht werden, dachte ich, es wäre cool, wenn es dazu eine Alternative gibt, die aus Kartoffeln besteht. Diese Bowl kann man übrigens auch supergut kalt genießen und mit zur Arbeit, Uni oder in die Schule nehmen. Ich wette, die anderen werden staunen, wie lecker euer Essen aussieht.

ZUTATEN FÜR 2 PORTIONEN:

Für die Bowl:
500 g Kartoffeln
2 EL Olivenöl
2 EL Butter
3 Handvoll Rucola
1 Handvoll Feldsalat
½ Gurke
1 Avocado

Für das Dressing:
300 g Joghurt
½ TL Chiliflocken
(nach Belieben mehr)
2½ EL Zitronensaft
2 EL frische Petersilie
Salz
Pfeffer

Zubereitungszeit: 20 Minuten + 40 Minuten Backzeit

Heize den Ofen auf 200 °C vor.

Wasche währenddessen die Kartoffeln und würfle sie.

Fette eine ofenfeste Form mit Olivenöl ein und gib die Kartoffeln hinein.

Verteile die Butter auf den Kartoffeln und lass die Kartoffeln 30 bis 45 Minuten im Ofen knusprig werden.

Du kannst die Kartoffelwürfel kalt oder warm in deine Bowl geben, ganz wie du magst.

Vermenge für das Dressing den Joghurt, die Chiliflocken, den Zitronensaft und die kleingehackte Petersilie miteinander. Schmecke es mit Salz und Pfeffer ab.

Wasche den Rucola und den Feldsalat, schüttle ihn trocken und verteile ihn auf zwei Schalen.

Würfle danach die gewaschene Gurke und schneide die Avocado in Scheiben.

Teile die Kartoffelwürfel, die Gurke und die Avocado auf die beiden Schalen auf.

Gib zum Schluss das Dressing darüber.

CRISPYROB-TIPP:
Hier kannst du natürlich auch Olivenöl statt Butter für die Kartoffeln verwenden. Butter ist aber ein besserer Geschmacksträger und gibt den Kartoffeln so einen intensiveren Geschmack.

ASIAN-BOWL

ZUTATEN FÜR 2 PORTIONEN:

200 g Reis

250 g Edamame

1 Avocado

1 Mango

1 Stange Frühlingszwiebel

200 g Lachs

120 g frischer Rotkohl

Je 1 TL schwarzer und weißer Sesam

3 EL Sojasoße

etwas brauner Zucker

3 EL Sesamöl

3 El Reisessig

etwas Limettensaft

Salz

Pfeffer

Zubereitungszeit: 60 Minuten

Koche zuerst den Reis nach Packungsvorschrift und stelle ihn kalt.

Gare dann die Edamame in einem Topf mit kochendem Salzwasser 8 bis 10 Minuten. Spüle die Bohnen danach kalt ab und löse sie aus den Hülsen.

Schäle sowohl die Avocado als auch die Mango und schneide beide in kleine Würfel.

Schneide die Frühlingszwiebel in dünne Ringe und den Lachs sowie den Rotkohl in dünne Streifen.

Röste jetzt den weißen und den schwarzen Sesam zusammen in einer Pfanne mit etwas Öl.

Vermenge die Sojasoße, den braunen Zucker, das Sesamöl und den Reisessig miteinander und schmecke die Soße mit Limettensaft, Salz und Pfeffer ab.

Schichte zum Anrichten zuerst den Reis in die Bowl und füge dann das Obst, das Gemüse und den Fisch hinzu. Gib zum Schluss die Soße und den Sesam darüber.

CRISPYROB-TIPP:
Anstelle von Fisch kannst du auch Tofu verwenden.

GREEK-BOWL

Nach einer dicken Partynacht gibt es für mich nichts Besseres, als zum Griechen zu gehen und fett Gyros zu essen! Mit extra viel Zaziki am besten! Als ich beim letzten Mal wieder beim Griechen meines Vertrauens gelandet bin und so vor meinem Teller saß, habe ich mir überlegt, dass man das alles doch auch eigentlich selber machen könnte und richtig schön in einer Bowl anrichten könnte! Et voilà, hier ist sie!

ZUTATEN FÜR 2 PORTIONEN:

200 g Reis
2 Schweineschnitzel
1 Zwiebel
1 Stange Frühlingszwiebel
2 Knoblauchzehen
2 TL Paprikapulver
2 TL Majoran
1 TL Thymian
2 EL Zitronensaft
200 g Feta
1 Avocado
etwas Petersilie zum Garnieren
200 g Zaziki

Zubereitungszeit: 45 Minuten

Koche zuerst den Reis nach Packungsvorschrift und stelle ihn dann kalt.

Wasche das Fleisch, tupfe es mit einem Küchentuch trocken und schneide es in kleine Streifen.

Schneide danach die Zwiebel und die Frühlingszwiebel in feine Ringe. Schäle den Knoblauch und hacke ihn fein.

Mische nun das Fleisch mit der Zwiebel, der Frühlingszwiebel und dem Knoblauch. Gib das Paprikapulver, den Majoran, den Thymian und den Zitronensaft hinzu und vermische alles gut miteinander.

Gib dann alles gemeinsam in eine Pfanne und brate das Fleisch gut durch.

Würfle danach den Feta und die Avocado.

Schichte zum Anrichten zuerst den Reis in die Bowl, dann das Fleisch, den Feta und die Avocado.

Garniere zum Schluss mit etwas Petersilie und Zaziki.

»Hammer, Hammer, Hammer!«

MEXICAN-BOWL

ZUTATEN FÜR 2 PORTIONEN:

Für die Marinade:

2 EL Tomatenmark

2 EL Apfelsaft

2 EL Weißweinessig

Salz

Pfeffer

Für die Bowl:

80 g Schweinenacken

etwas Öl

100 g Mais

½ gelbe Paprika

½ Römersalat

200 g Cherrytomaten

Für die Guacamole:

1 rote Zwiebel

etwas Koriander

1 Avocado

1 Limette

Außerdem:

125 g Tortillachips

Chiliflocken nach Belieben

Zubereitungszeit: xx Minuten

Vermenge für die Marinade das Tomatenmark, den Apfelsaft, den Essig und etwas Salz und Pfeffer miteinander. Wasche das Fleisch und tupfe es mit einem Küchentuch trocken. Schneide es dann in kleine Streifen und mische es mit der Marinade.

Lass den Mais abtropfen und wasche das Gemüse. Schneide danach die Paprika in Würfel und den Salat in Streifen. Halbiere die Tomaten.

Schäle die Zwiebel und würfle sie. Wasche den Koriander, hacke ihn klein und vermische ihn mit den Zwiebelwürfeln. Entkerne für die Guacamole die Avocado und zerdrücke sie mit einer Gabel in einer Schale. Gib den Saft einer Limette darüber und vermenge ihn mit dem Avocadomus.

Gib die Zwiebel und den Koriander dazu. Schmecke die Guacamole mit Salz und Pfeffer ab. Halbiere die Tomaten. Brate nun das Fleisch mit etwas Öl in der Pfanne, bis es gut durch ist.

Gib zum Anrichten den Salat unten in eine Schale und lege dann das Fleisch darauf. Drapiere daneben das geschnittene Gemüse und gib einen großen Klecks Guacamole dazu.

Garniere zum Schluss mit den Tortillachips und Chiliflocken. Fertig :)

»Einfach nur geil!«

FEEL GOOD!

Woher kommt dieses gute Gefühl, wenn ich eine Bowl gegessen habe? Ich denke, es liegt daran, dass man sich hier quasi automatisch gesund und ausgewogen ernährt. Doch was meint eigentlich »gesunde« und »ausgewogene« Ernährung? Es bedeutet, dass man sich möglichst abwechslungsreich ernähren sollte, um seinem Körper alle Nährstoffe zuzuführen, die er braucht. Dazu gehören Kohlenhydrate, Eiweiß (Protein), Fett sowie Vitamine und Mineralstoffe. Und wer denkt, dass eine ausgewogene Ernährung Verzicht bedeutet oder schwierig ist, irrt sich ganz gewaltig. Ganz im Gegenteil: Sich ausgewogen ernähren bedeutet Genuss und Vielfalt und kann auch leicht im Alltag umgesetzt werden.

Vielleicht kennt ihr aus der Schule noch die Ernährungspyramide?! So blöd ich sie damals gefunden habe, kann ich ihr heute als leidenschaftlicher Koch und Esser umso mehr abgewinnen, denn sie zeigt auf einfache Weise, wovon man in etwa wie viel zu sich nehmen sollte. Für alle, die wie ich in der Schule nicht aufgepasst haben, hier eine kleine Wiederholung zur Ernährungspyramide:
Am unteren, breiten Ende der Pyramide stehen die Lebensmittel, von denen wir am meisten zu uns nehmen sollten, und das sind – tatata: Getränke! Wer sich jetzt freut und guten Gewissens sein zweites Bier aufmacht, den muss ich leider enttäuschen. Gemeint sind damit alkoholfreie und zuckerfreie Getränke wie Wasser oder Tee.
Auf der nächsten Stufe der Pyramide folgen Obst und Gemüse. Ihr kennt vielleicht die Aktion »Fünf am Tag«? Diese besagt, dass man täglich fünf Portionen Obst und Gemüse essen soll. Obst und Gemüse enthält meist wenig Kalorien, dafür reichlich Vitamine und Mineralstoffe.
Wir klettern eine Stufe weiter nach oben und finden dort kohlenhydratreiche Lebensmittel wie Brot, Nudeln und Reis. Wenn du hier die Vollkornvariante wählst, schlägst du gleich zwei Fliegen mit einer Klappe, denn diese enthalten mehr Ballaststoffe. Diese wiederum machen dich länger satt, lassen den Blutzuckerspiegel langsamer ansteigen und helfen bei der Verdauung.
Auf der nächsten Stufe stehen Milch und Milchprodukte wie Käse, Joghurt oder Quark,

die wir täglich essen sollten. Hier kannst du natürlich auch gerne eine pflanzliche Alternative nehmen. Das mache ich auch sehr häufig.

Nun nähern wir uns schon fast der Spitze der Pyramide, und das bedeutet, dass man die Lebensmittel dort nur ein- bis zweimal in der Woche essen sollte: Fisch, Fleisch, Eier. An der Spitze der Pyramide wird nicht nur die Luft dünner, sondern alles, was dort steht, sollten wir nur sehr sparsam zu uns nehmen. Wer hätte das gedacht? Es sind Fette und Zucker. Und diese kommen leider nicht nur ganz auffällig als Süßigkeiten daher, nein, sie finden sich auch »versteckt« in Wurst, Limonaden, Fertigprodukten und Fastfood.

Und das bringt mich wieder zurück auf das gute Gefühl bei einer Bowl. Hier kommt nichts Frittiertes oder stark Fetthaltiges hinein, sondern viel Gemüse, oft in Form von Rohkost, und wenig oder auch gar kein Fleisch oder Fisch. Und noch ein Bonus der Bowl: Hier werden die Lebensmittel sehr schonend zubereitet und das ist gut so, denn man sollte generell warme Speisen nur so lange wie nötig garen, möglichst wenig Wasser verwenden und zu hohe Temperaturen vermeiden. So bleiben die Nährstoffe in den Nahrungsmitteln weitestgehend erhalten.

Da ich gerade so richtig in Fahrt bin, kommen hier noch ein paar extra Tipps und Gedanken zu einer Feel-good-Ernährung:

SO SETZT DU DIE »FÜNF AM TAG«-REGEL UM

Wenn du morgens einen Apfel, eine kleine Banane oder eine Handvoll Erdbeeren ins Müsli gibst, hast du schon deine erste Portion intus und du kannst dir ein wenig von den teilweise sehr kalorienreichen Getreideflocken sparen. Nimm dir als Snack für zwischendurch etwas Obst mit zur Schule, Uni oder ins Büro. Auch Paprika, Kohlrabi oder Karotten eignen sich hervorragend dafür. Achte darauf, dass du bei deinen Hauptmahlzeiten reichlich Gemüse dazugibst, oder iss einen bunten Salat als Beilage.

NICHT FISCH, NICHT FLEISCH

Wir sollten nicht nur mit unserem Körper achtsam umgehen, sondern und gerade auch mit den Lebensmitteln, die wir zu uns nehmen. Nimm deshalb bei Fisch bitte immer nur Produkte mit anerkannt nachhaltiger Herkunft. Der Fisch dankt es dir mit Jod, Selen und gesunden Omega-3-Fettsäuren, die in ihm enthalten sind.
Was für den Fisch gilt, gilt für Fleisch erst recht. Kaufe nur Fleisch aus artgerechter Haltung und iss davon nur wenig. Nicht nur zum Wohl der Tiere, sondern weil mehr als 300 bis 600 Gramm Wurst und Fleisch pro Woche nicht gesund sind. Ganz auf Fleisch muss man aus ernährungsphysiologischer Sicht nicht verzichten, denn es stellt eine wichtige Quelle für Protein und B-Vitamine dar.

FETT IST NICHT GLEICH FETT

Wie du jetzt schon weißt, solltest du Fett nur sehr sparsam zu dir nehmen. Pro Tag sollte man je nach Alter, Geschlecht und Konstitution nicht mehr als 60 bis 80 Gramm essen. Am besten verwendest du hauptsächlich pflanzliche Öle, wie zum Beispiel Rapsöl, und keine tierischen Fette. Pflanzliche Öle enthalten nämlich ungesättigte Fettsäuren, die gesünder sind als gesättigte Fettsäuren, die in tierischen Fetten stecken.

GENIEßE DEIN ESSEN

Denn je schneller du isst, desto mehr Nahrung nimmst du zu dir, bevor sich ein Sättigungsgefühl einstellt. Setz dich deshalb in Ruhe hin, iss langsam und genieße deine Mahlzeit.

VIEL BEWEGUNG

Zu einem guten Körpergefühl trägt nicht nur eine ausgewogene Ernährung bei, sondern auch regelmäßige Bewegung. Eigentlich wissen wir das ja alle, nur kommt uns manchmal der innere Schweinehund dazwischen und hält uns von sportlicher Betätigung ab. Es ist ja auch gerade soooooo gemütlich auf dem Sofa. Am besten versuchst du, die Bewegung in deinen Alltag einzubauen, indem du zum Beispiel mit dem Rad statt mit dem Auto oder Bus zur Schule, Uni oder ins Büro fährst.

AÇAI-BOWL

ZUTATEN FÜR 1 PERSON:
100 g Açai-Püree
oder alternativ 1 TL Açai-Pulver
mit 100 g TK-Blaubeeren gemixt
1 gefrorene Banane
60 ml Mandelmilch
(oder Hafer- oder Sojamilch)

Für das Topping:
Hier kannst du eigentlich
alles nehmen, was dir an
Obst so schmeckt.
Ich liebe Erdbeeren, Mango,
Kiwi, Granatapfel und Himbeeren.
Dazu am besten noch etwas
Kokosflocken und feine
Haferflocken.

Zubereitungszeit: 20 Minuten

Mixe das Açai-Püree oder alternativ das Açai-Pulver mit den Blaubeeren zusammen mit der Banane und der Milch.
Schneide dann das Obst in für dich passende Stücke.
Fülle nun die Açai-Masse in die Bowl.
Drapiere danach das Obst und die Kokosflocken oben auf der Masse.
Wie du es anrichtest, bleibt dir überlassen.
Ich richte es am liebsten klassisch an, so wie auf dem Bild.

CRISPYROB-TIPP:
Achte darauf, dass du sie isst, bevor sie ganz warm wird. Das Açai-Püree wärmt sich schnell auf und wird dann sehr flüssig. Vermeide auch unbedingt Flecken. Diese gehen leider nicht mehr so gut aus der Kleidung raus.

MÜSLI-BOWL

Das klassische Müsli aus der Packung ist manchmal ganz schön langweilig. Jeden Tag das Gleiche essen, macht keinen Spaß. Deshalb gibt es hier eine klasse Alternative, wie man ein leckeres Müsli selbst zubereiten kann.

ZUTATEN FÜR 1 PERSON:

Für das Müsli:

100 g Haferflocken

1 EL Cashewkerne oder

Haselnüsse

(was du lieber magst)

1 EL Mandeln

½ EL Olivenöl

1 EL Ahornsirup

Für das Topping:

2–3 Erdbeeren

5–10 Blaubeeren

5–6 Himbeeren

½ Banane

Außerdem:

100 g Naturjoghurt

20 g Vollmilchschokolade

Zubereitungszeit: 25 Minuten

Heize für das Müsli den Backofen auf 170 °C (Umluft) vor. Verrühre nun die Haferflocken, die Cashewkerne, die Mandeln, das Olivenöl und den Ahornsirup in einer Schüssel gut miteinander.

Gib die Masse auf ein mit Backpapier ausgelegtes Backblech und backe sie 10 bis 15 Minuten im Ofen, bis sie goldbraun ist.

Lass dann das Müsli gut abkühlen. Wasche währenddessen das Obst und schneide die Banane in Scheiben.

Gib zum Anrichten das Joghurt ganz unten in die Schale. Schichte dann das abgekühlte Müsli und das Obst darüber. Lass deiner Kreativität freien Lauf!

Ach ja, nicht zu vergessen: Da ich immer etwas Schokoladiges im Müsli brauche, empfehle ich dir, Schokolade kleinzuhacken und darüberzustreuen.

CRISPYROB-TIPP:
Du kannst dich auch selbst ausprobieren und verschiedene Nüsse mit in das Müsli mischen. Probiere aus, was dir am besten schmeckt.

PEANUTBUTTER-PORRIDGE-BOWL

Porridge kommt zwar ursprünglich aus Schottland, ist aber mittlerweile ein Nationalgericht in ganz Großbritannien. Porridge ist das ideale Frühstück, weil es euch für den Tag bereits am Morgen mit allen wichtigen Ballaststoffen, Eiweißen und Mineralstoffen versorgt. So habt ihr genug Energie für den ganzen Tag und tut dabei auch noch eurer Haut und euren Haaren etwas Gutes, weil es Biotin enthält, das auch als Vitamin B7 bekannt ist.

ZUTATEN FÜR 1 PERSON:

Für das Porridge:

1 Porridge-Fertigmischung
(Die gibt es in fast jedem
Supermarkt oder auch im
Drogeriemarkt in der
Bio-Abteilung.)
1 Tasse Wasser
1 EL Mandelmilch
1 Prise Salz
½ TL Vanille-Extrakt
¼ TL Zimt

Für das Topping:
2 Stück Schokolade
(Vollmilch oder Zartbitter)
½ Banane
1 EL cremige Erdnussbutter
2 EL Agavendicksaft
1 TL Kokosnuss-Chips

Zubereitungszeit: 20 Minuten

**Koche das Porridge mit dem Wasser auf und füge höchstens 1 EL Mandelmilch hinzu. Dann wird das Porridge nicht so klebrig und schön cremig.
Füge eine Prise Salz und das Vanille-Extrakt hinzu.
Am Ende, wenn das Porridge fertig ist und du es vom Herd nimmst, rühre noch den Zimt unter die Masse und gib alles in eine Schale.
Hacke die Schokolade in Splitter und schneide die Banane in Scheiben, während das Porridge noch kurz zieht.
Nimm die Bowl mit dem Porridge und füge die restlichen Zutaten hinzu. Beginne mit der Erdnussbutter und verteile sie in kleinen Klecksen auf dem Porridge.
Lege dann die Bananenscheiben darauf und garniere das Ganze mit der Schokolade, dem Agavendicksaft und den Kokosnuss-Chips.**

WARME SCHOKO-BOWL

ZUTATEN FÜR 1 PERSON:

Für die Bowl:

150–170 ml Wasser oder Mandelmilch

2 EL Chiasamen

4 getrocknete Datteln

1 gehäufter TL Cashewmus

1 EL ungesüßter Kakao

Für das Topping:

Himbeeren nach Belieben

Kokosraspeln nach Belieben

Mandeln nach Belieben

Zubereitungszeit: 15 Minuten

Koche die Milch oder das Wasser auf.
Nimm den Topf vom Herd und füge die Chiasamen, die Datteln, das Cashewmus und den Kakao hinzu.
Gib das Ganze in einen Mixer und mixe alles gut durch.
Achte darauf, dass dein Mixer genug Leistung hat, damit die Masse schön cremig wird.
Fülle nun die Masse in eine Bowl.
Garniere sie mit einem Topping deiner Wahl und genieße sie, solange sie noch warm ist.

CrispyRob-Tipp:
Sollte dein Mixer Schwierigkeiten mit der Masse haben, teile die Masse am besten in zwei Teile auf und mixe sie nacheinander.

»Das ist so lecker, ich könnte das jeden Tag essen!«

VEGANE SUMMER-BOWL
AUCH ALS EIS TOLL!

ZUTATEN FÜR 1 PERSON:

Für die Bowl:
2 gefrorene Bananen
150 g Tiefkühl-Himbeeren
400 ml Kokosmilch
etwas Agavendicksaft

Toppings:
nach Belieben
2 EL Chiasamen

Zubereitungszeit: 15 Minuten

Mixe die Bananen, die Himbeeren und die Kokosmilch in einem Mixer gut durch.
Füge danach etwas Agavendicksaft hinzu.
Schmecke ab, wie süß du es haben magst.
Fülle nun alles in eine Schale und bereite dann deine Toppings vor: Schneide z. B. eine Bananein Scheiben oder wasche die Beeren und schneide sie ggf. in mundgerechte Stücke.
Garniere deine Bowl mit den Toppings deiner Wahl.
Streue zum Schluss noch Chiasamen darüber.

CRISPYROB-TIPP:
Du kannst diese Bowl auch perfekt in Stieleis-Förmchen geben und erhältst ein superleckeres Eis für heiße Tage.

»Macht es nach, da kann man nichts falsch machen!«

ES GIBT KEIN »ZU VIEL KÄSE«!

Freunde, dieses Kapitel ist eine Hommage an euch! Denn ihr habt mich durch eure Leidenschaft für Käse erst zu CheesyRob gemacht, der endlich sein Käse-Ich ausleben kann.

Ich muss gestehen, dass ich als Kind Käse überhaupt nicht mochte. – What?! – Ja, ehrlich, ich finde Käse erst seit meinem ersten Blumenkohl-Mozzarella-Auflauf geil. Wenn der Käse so schön überbacken ist und man mit dem flüssigen Kern noch spielen und lange Fäden ziehen kann ... Mann, was soll ich sagen? Euch muss ich dieses geile Gefühl ja nicht beschreiben.
Als ich dann mein erstes Video mit Gerichten mit flüssigem Käse gedreht und dabei gemerkt habe, dass hier die Interaktionsrate aber so was von durch die Decke geht, habe ich verstanden, dass die Menschen Käse lieben. Seitdem gab es kein Halten mehr für mich, und ich habe jede Menge Käse-Rezepte nachgekocht und neue erfunden.

Diese Liebe zu Käse teile ich mit euch. Mein Motto »Es gibt kein zu viel Käse« verbindet mich zu 100 % mit meiner Community, da schwimmen wir echt auf einer Käsewellen-länge. Dieser Wohlfühlmoment, wenn man ein Stück Brot in flüssigen Käse taucht, der Geruch einer mit viiiiiiiiiiiiiiiiel Käse überbackenen Lasagne, die frisch aus dem Ofen kommt – das ist Foodpornogasmus, ich kann es leider nicht anders sagen. Und ich weiß, dass es euch genauso geht. Ihr wärt also zurecht enttäuscht, gäbe es in diesem Koch-buch keine Käse-Rezepte. Hier kommt speziell für euch ein ganzes Kapitel davon!

CHEESY-CHIPS

Ich muss gestehen, bei Chips werde ich immer schwach! Es gibt kaum eine andere Knabberei, bei der ich nicht vorbeigehen kann, ohne in die Tüte zu greifen. Weil einfache Chips mir aber nicht mehr reichen, stelle ich euch hier meine geliebten Cheesy-Chips vor. Über Kalorien sollten wir hier lieber nicht reden :D
Aber sie schmecken verdammt lecker!!

ZUTATEN FÜR 4 PORTIONEN:
150 g Parmesanspäne
1 TL getrockneter Oregano
1TL Paprikapulver
Salz
Pfeffer

Zubereitungszeit: 15 Minuten

Erhitze eine beschichtete Pfanne ohne Fett.
Setze mit einem Löffel kleine Häufchen Parmesan in die Pfanne.
Bestreue die Chips, sobald sie goldbraun werden, mit Oregano und Paprikapulver.
Wende sie und brate sie noch 1 Minute.
Nimm die Chips aus der Pfanne und lass sie auf Küchenpapier abtropfen.
Würze sie zum Schluss mit Salz und Pfeffer.
Nach dem Abkühlen kannst du die Knabberei genießen.

»Ganz easy, ganz simpel, wirklich einfach und der Effekt ist krank!«

CHEESY-MEDITERRAN-PAPRIKA

ZUTATEN FÜR 4 PORTIONEN:

5 Stängel Basilikum

1 TL gemahlener Thymian

2 EL Tapenade
(franz. Olivenpaste)

500 g Ricotta

2 rote Paprika

½ l passierte Tomaten

250 ml Wasser

Salz

Pfeffer

*Zubereitungszeit: 15 Minuten +
Backzeit*

Heize den Backofen auf 180 °C vor.

Zupfe die Basilikumblätter ab und schneide sie klein.

Mische sie zusammen mit dem Thymian und der Tapenade
unter den Ricotta.

Halbiere die Paprika, putze sie und fülle jede Hälfte mit der
Ricotta-Oliven-Mischung.

Verrühre die Tomaten mit dem Wasser und gieße die Soße
in eine Auflaufform.

Setze die Paprikaschoten hinein und würze alles mit Salz
und Pfeffer.

Backe das Ganze im Ofen zirka 40 Minuten.

Serviere die Paprika kalt oder warm.

»Das geht echt supereinfach!«

CHEESY-SOUP

Entweder man liebt Suppen oder man hasst sie! Ich gehöre auf jeden Fall zu den Leuten, die Suppe lieben! Suppe muss nicht immer warm sein, dafür muss sie aber immer verdammt lecker sein! Genau das vereint meine Cheesy-Soup. Es ist quasi die perfekte Suppe für Tage, an denen es einfach zu warm ist für eine heiße Suppe, man aber trotzdem nicht auf seine Suppe verzichten möchte!

ZUTATEN FÜR 6 PORTIONEN:

Für die Suppe:
1 Schalotte
600 g Büffelmozzarella
1 EL Olivenöl
400 ml Milch
100 ml Gemüsebrühe
Salz
Pfeffer

Für das Basilikumöl:
4 Stiele Basilikum
½ Knoblauchzehe
5 EL Olivenöl

Außerdem:
2 Tomaten
1 EL Olivenöl
2 EL Pinienkerne

Zubereitungszeit: 45 Minuten

Würfle die Schalotte und den abgetropften Mozzarella fein. Erhitze 1 El Öl in einem Topf und dünste die Schalotte bei mittlerer Hitze glasig.

Gieße die Milch und die Brühe dazu und lass sie warm werden, aber nicht kochen. Gib den Mozzarella in die warme Flüssigkeit und erwärme ihn 1 bis 2 Minuten unter ständigem Rühren.

Püriere die Suppe sofort mit einem Pürierstab sehr fein.

Würze die Suppe mit Salz und Pfeffer und stelle sie zugedeckt etwa 2 Stunden kalt.

Zupfe inzwischen die Basilikumblätter ab und schneide sie grob.

Gib das Basilikum zusammen mit dem Knoblauch und 5 El Öl in ein hohes, schmales Gefäß, püriere es mit dem Pürierstab fein und würze mit Salz.

Halbiere die Tomaten, entferne den Stielansatz, entkerne sie und würfle sie fein. Mische sie mit 1 El Öl.

Röste die Pinienkerne in einer Pfanne ohne Fett goldbraun und hacke sie grob.

Mixe die Suppe noch einmal mit dem Pürierstab auf und verteile sie auf Teller.

Beträufle sie zum Schluss mit dem Basilikumöl und bestreue sie mit den Tomaten und den Pinienkernen.

SELFMADE KÄSEFONDUE

ZUTATEN FÜR 4 PORTIONEN:
40 g Butter
2 EL Mehl
700 ml Milch
300 g geriebener Emmentaler
300 g geriebener mittelalter Gouda
Salz
Pfeffer
Muskat
20 ml Kirschwasser
2 Platten TK-Blätterteig (à 80 g)
1 Eigelb
1 EL Wasser

Zubereitungszeit: 30 Minuten + Backzeit

Lass die Butter in einem Topf schmelzen und schwitze das Mehl unter Rühren darin an.

Rühre die Milch langsam mit dem Schneebesen ein und lass sie bei mittlerer Hitze 15 bis 20 Minuten ohne Deckel köcheln.

Gib den Emmentaler und Gouda dazu und lass ihn unter Rühren schmelzen.

Würze mit Salz, Pfeffer, Muskat und Kirschwasser und gieße die Zubereitung in 4 feuerfeste Förmchen (à 10 cm Ø, 300 ml Inhalt).

Rolle den Blätterteig auf einer bemehlten Arbeitsfläche aus und stich 4 Kreise aus, die einen etwa 2 cm größeren Durchmesser haben als die Förmchen.

Verquirle das Eigelb mit 1 El Wasser und bestreiche damit die Teigkreise. Lege je einen Teigkreis mit der bestrichenen Seite auf ein Förmchen und drücke den überlappenden Rand gut an. Bestreiche anschließend auch die Teigoberseite mit Ei.

Backe das Käsefondue im vorgeheizten Ofen 15 bis 20 Minuten bei 200 °C (Umluft 180 °C) auf der zweiten Schiene von unten.

Serviere das Käsefondue mit in Schalen angerichteten Dip-Happen (Brot, Gemüse, Obst, Mixed Pickles etc.).

»Selten so was Geiles gegessen!«

MOZZARELLA-GRANATAPFEL-KOMBO

Granatäpfel sind eine wahre Wunderwaffe! Sie liefern uns nicht nur wichtige Vitamine und Mineralstoffe, sie enthalten auch Flavonoide, die den meisten besser unter dem Namen „Antioxidantien" bekannt sein werden. Sie stärken unser Immunsystem und sind in der Lage, freie Radikale unschädlich zu machen, die für die Entstehung von Krankheiten wie Krebs oder Rheuma verantwortlich sind. Also nichts wie rein mit den Granatäpfeln, und wir unterstützen unseren Körper dabei, gesund zu bleiben!

ZUTATEN FÜR 2 PORTIONEN:

1 kleiner Granatapfel

150 g Babyspinat

2 Kugeln Büffelmozzarella

6 EL Olivenöl

1 EL Zitronensaft

Salz

Pfeffer

Zucker

Balsamico-Creme

Zubereitungszeit: 20 Minuten

Schneide den Granatapfel ein, brich ihn auf und löse die Kerne heraus.
Wasche den Babyspinat und schleudere ihn trocken.
Lass den Mozzarella abtropfen, schneide ihn in Scheiben und richte ihn auf zwei Tellern an.
Erhitze 3 EL Olivenöl in einer Pfanne und dünste den Babyspinat darin 1 bis 2 Minuten an.
Gib die Granatapfelkerne dazu und dünste sie 1 Minute mit. Schmecke mit Zitronensaft, Salz, Pfeffer und Zucker ab und lass alles etwas abkühlen.
Richte den Spinat dann auf dem Mozzarella an. Beträufle alles mit der Balsamico-Creme. Guten Appetit!

CRISPYROB-TIPP:
Solltest du auf Tod komm raus keine Granatäpfel mögen oder dagegen allergisch sein, probier es doch mal mit Himbeeren statt mit Granatapfel. Es schmeckt anders, aber auch sehr lecker!

DIE TOP 3 MEINER KÜCHEN-FAILS

Wenn ihr meine Videos seht, dann gelingt mir ja immer alles zu 100 %, und handwerklich wie geschmacklich gibt es da nichts, was man noch verbessern könnte. Nein, Scherz, ich bin natürlich weit davon entfernt, perfekt zu sein, und ich mache wie jeder andere auch Fehler, sowohl im privaten Bereich als auch in der Küche. Ich finde das auch gar nicht schlimm, denn aus Fehlern kann man nur lernen. Schlimm ist nur, wenn man seine Fehler nicht zugibt oder den gleichen Fehler noch einmal macht. Damit ihr ein paar Fehler in der Küche gar nicht erst machen müsst, stelle ich euch hier die Top 3 meiner Küchen-Fails vor.

3
PLATZ 3 GEHT AN »MIKROWELLE TRIFFT ALUFOLIE«.

Die Geschichte ist schnell erzählt. Ich wollte mir Essen von meiner Mama, das in Alufolie eingewickelt war, in der Mikrowelle warmmachen. Das Ende vom Lied war, dass die Alufolie Funken geschlagen hat und dass jetzt ein riesiger Riss in der Tür der Mikrowelle in meinen Videos zu sehen wäre, wenn wir sie denn zeigen würden.
Also Freunde: Alufolie und Mikrowelle vertragen sich nicht!

2
PLATZ 2 BELEGT »THE ETERNAL FLAME«

oder versuche nicht, mit einem Flambiergerät den Gasherd anzuzünden und dieses in die Schublade zurückzulegen, während es noch nicht richtig aus ist und daher munter in der Schublade vor sich hinkokelt und die gesamte Plastikvorrichtung wegschmelzen lässt.
Also Finger weg vom Flambiergerät, und kontrolliere dreifach, ob es auch wirklich aus ist!

1

DER SIEGER HEIßT
»FRITTEUSEN HABEN AUS EINEM GUTEN GRUND EINEN DECKEL«.

Ich hatte Ben von KiKa zu Besuch, und wir wollten Chilis im Teigmantel frittieren. Irgendwie haben wir uns verquatscht und haben nicht darauf geachtet, dass der Deckel der Fritteuse geschlossen ist. Als wir dann eine Chili ins heiße Öl gelegt haben, ist sie explodiert und gefühlt 200 Liter heißes Öl sind in der Küche herumgespritzt. Verletzt wurde zum Glück niemand, aber das hätte leicht passieren können, und wir standen erst einmal unter Schock.

Also immer schön den Deckel der Fritteuse zumachen!

NACH ALL DEN FAILS JETZT NOCH EIN HIGHLIGHT:

Ich habe mal als Praktikant in einer Film-Agentur gearbeitet, bei der ich in der Mittagspause für alle gekocht habe. Mein damaliger Chef hat mir kamera- und küchentechnisch nicht so viel zugetraut, und ich wollte ihn unbedingt einmal beeindrucken. Die Challenge war, für acht Leute Sushi zu machen, was insgesamt nicht mehr als 30 Euro kosten sollte. Das war schon eine echte Kampfansage, denn Sushi ist ziemlich teuer, wenn man es fertig kauft oder essen geht. Aber ich wollte mich der Herausforderung stellen und habe dann auch mit meinen letzten 30 Euro nach Feierabend so viele Sushi-Zutaten wie möglich eingekauft und die ganze Nacht an einer Sushi-Platte gearbeitet, die sich am nächsten Tag wirklich sehen lassen konnte. Zu Mittag habe ich dann noch vor Ort Lachs-Sushi frittiert und alles stolz der Mannschaft präsentiert. Es hat echt jedem geschmeckt, so dass ich dann jeden Monat eine solche Platte machen sollte. Am meisten habe ich mich aber über das Lob meines Chefs gefreut, den ich sonst zu – na ja, sagen wir 95 % – eher enttäuscht habe, aber dieses Mal mit meiner Platte schwer beeindruckt habe. Solltet ihr mal Chefs sein, dann vergesst nicht, dass ein verdientes Lob echt guttut und motiviert!

PARMESAN-POPEYE-KNÖDEL

ZUTATEN FÜR 4 PORTIONEN:

750 g TK-Spinat

1 kleine Zwiebel

2 Eier

125 ml Milch

350 g Semmelwürfel

1 Prise Salz

2 EL Mehl

50 g Butter

3 EL geriebener Parmesan

Zubereitungszeit: 30 Minuten

Lass zunächst den Spinat für die Spinatknödel auftauen und schneide ihn dann fein.

Schneide die Zwiebel fein und brate sie in Fett glasig an. Verquirle die Eier mit der Milch.

Vermische die Semmelwürfel mit der Eiermilch, dem Spinat, der Zwiebel und würze mit etwas Salz. Lass die Masse kurz ziehen.

Gib Mehl zur Knödelmasse und forme mit nassen Händen Knödel. Ist der Teig zu weich geraten, kannst du ihn mit etwas Semmelbröseln binden.

Lege die Knödel in kochendes Salzwasser ein und lass sie etwa 15 Minuten ziehen.

Lass zum Schluss die Butter schmelzen, bis sie braun wird. Serviere die Spinatknödel mit der braunen Butter und dem geriebenen Parmesan.

»Francesco, das musst du probieren!«

CHEDDAR-CHEESY-PUFFS

ZUTATEN FÜR 2 PORTIONEN:
250 ml Wasser
85 g ungesalzene Butter
½ TL grobkörniges Meersalz
150 g Mehl
4 Eier
170 g geriebener Cheddar
1 TL Senf

Außerdem:
Trennspray für die Küche
(Trennfett)

Zubereitungszeit: 40 Minuten

Heize den Ofen auf 200 °C vor.

Erhitze das Wasser, die Butter und das Salz in einem kleinen Kochtopf auf mittlerer Stufe etwa 3 Minuten, bis die Butter geschmolzen ist.

Nimm den Topf vom Herd und rühre das Mehl unter. Stelle den Topf wieder auf den Herd und erhitze den Teig unter ständigem Rühren weiter, bis er zu einem festen Ball geworden ist. Lass den Teig weitere 2 Minuten unter ständigem Rühren auf dem Herd, bis er nicht mehr klebrig ist.

Lass den Teig anschließend 5 Minuten abkühlen.

Rühre ein Ei nach dem anderen unter und gib zwischendurch den Käse und den Senf dazu, bis alles zu einer homogenen Masse geworden ist.

Fülle den Teig in einen Spritzbeutel und presse dann 5 cm große Kugeln auf ein mit Backpapier ausgelegtes Backblech.

Besprühe die Rückseite eines Esslöffels mit Trennspray und runde damit die Kugeln ab, damit sie keine Spitzen mehr haben.

Backe die Puffs zum Schluss 25 Minuten im Ofen goldbraun.

CRISPYROB-TIPP:
Am besten schmecken die Puffs
warm aus dem Ofen.

CHEESY-BLUMENKOHL-NUGGETS

Bei Nuggets denkt jeder gleich an Chicken-Nuggets. Aber es muss nicht immer Hähnchen oder anderes Fleisch sein. Das hier ist die perfekte Alternative für alle, die auf ihren Fleischkonsum achten oder ganz auf Fleisch verzichten. Die Cheesy-Blumenkohl-Nuggets schmecken superlecker und sind mal etwas ganz anderes. Zudem ist Blumenkohl auch noch recht gesund, da er Vitamin C enthält, was unter anderem für ein gutes Bindegewebe wichtig ist.

ZUTATEN FÜR 2 PORTIONEN:

1 Blumenkohl

2 Tassen Paniermehl

½ Tasse Parmesan

½ Tasse Cheddar

1½ Tassen Mehl

2 Eier

Olivenöl zum Beträufeln

Petersilie zum Garnieren

Zubereitungszeit: 30 Minuten + Backzeit

Wasche zunächst den Blumenkohl und zerteile ihn in kleine Röschen.

Vermische danach das Paniermehl mit dem Parmesan und dem Cheddar in einer Schüssel.

Gib das Mehl in eine weitere Schüssel oder einen tiefen Teller.

Verquirle die Eier in einer weiteren Schüssel oder einem tiefen Teller.

Wälze die Blumenkohlröschen zunächst in Mehl, tauche sie dann in die verquirlten Eier und wälze sie zuletzt in der Paniermischung.

Verteile nun die Blumenkohl-Nuggets auf einem Backblech und beträufle sie mit Olivenöl.

Backe sie 30 Minuten im Backofen bei 220 °C.

Serviere sie mit Petersilie garniert.

STRAWBERRY-CHEESY

Süß und salzig zusammen ist nicht für jeden etwas! Für mich aber auf jeden Fall! Ich liebe es, wenn es gleichzeitig süß und salzig in meinem Mund ist. Quasi eine Geschmacksexplosion aus verschiedenen Komponenten! Genau das ist hier der Fall! Vielleicht kommt es euch erst mal komisch vor, aber glaubt mir, probiert es aus! Es wird euch überraschen und hoffentlich genauso gut wie mir schmecken :)

ZUTATEN FÜR 2 PORTIONEN:

4 Scheiben Ziegenfrischkäse
(je 1 cm dick)
12 Erdbeeren
6 EL Zucker
frische Minze

Zubereitungszeit: 35 Minuten

Lege die Ziegenkäsetaler auf Backpapier und backe sie 5 Minuten im Ofen auf der obersten Schiene.
Wasche die Erdbeeren und schneide sie mit einem kleinen Küchenmesser in dünne Scheiben.
Lege die Scheiben fächerförmig auf die beiden Teller wie ein Erdbeer-Carpaccio.
Lasse den Zucker in einer Pfanne schmelzen.
Das dauert ungefähr 1 Minute.
Hacke ein wenig frische Minze klein und streue sie über die Erdbeeren.
Platziere die heißen Ziegenfrischkäsetaler auf den Erdbeeren.
Nimm mit einem Esslöffel etwas von dem heißen, braunen, flüssigen Zucker und träufle ihn über den Käse.
Gieße danach lauwarmes Wasser in die heiße Pfanne und rühre kurz um. Der flüssige Zucker erstarrt jetzt schockartig zu Karamell. Fische das Karamell heraus und dekoriere damit die Teller.
Guten Appetit!

CRISPYROB-TIPP:
Pass bitte mit dem heißen Zucker auf. Am besten tastest du dich ganz langsam an die Masse ran. Fasse sie auf keinen Fall mit den Fingern an!!

MANGO-CHEESY

ZUTATEN FÜR 2 PORTIONEN:
1 Dose Schafskäse in Salzlake
(400 g Abtropfgewicht)
5–6 Stängel frischer Thymian
40 g Panko (japanisches Paniermehl) oder Semmelbrösel
1 TL Chiliflocken
2 EL Olivenöl

Für die Mangosalsa:
1 Mango
2 Lauchzwiebeln
2 EL heller Balsamico-Essig
Salz
Pfeffer
Chiliflocken

Außerdem:
4 TL Agavendicksaft

Zubereitungszeit: 30 Minuten

Heize den Ofen auf 180 °C (Umluft) vor und lege ein Backblech mit Backpapier aus.

Nimm den Käse aus der Lake, tupfe ihn trocken und schneide ihn in etwa 1 cm dicke Scheiben.

Wasche den Thymian, schüttle ihn trocken und hacke die abgezupften Blätter fein. Vermische sie mit Panko und den Chiliflocken und gib die Mischung auf einen Teller.

Bepinsle den Käse mit 1 EL Öl und wende ihn in dem Pankomix.

Setze den Käse auf das Blech und beträufle ihn mit 1 EL Öl. Backe ihn im heißen Ofen zirka 15 Minuten.

Schneide in der Zwischenzeit für die Mangosalsa die Mangohälften vom Stein und schäle sie. Würfle das Fruchtfleisch fein.

Putze die Lauchzwiebeln, wasche sie und schneide sie in feine Ringe. Verrühre sie mit der Mango und dem Essig. Schmecke mit Salz, Pfeffer und Chili ab.

Nimm den Käse aus dem Ofen und richte ihn mit der Salsa an.

Beträufle ihn zum Schluss mit Agavendicksaft.

»Ich finde es einfach nur geil!«

DAS PERFEKTE
DINNER

Was ist für mich ein perfektes Dinner?
Ich fange mal damit an, was es nicht für mich ist.

Es hat für mich nichts mit Luxus, teurem Essen, erlesenen Weinen, Tischtüchern und Kerzenlicht zu tun, was man so landläufig vielleicht unter perfektem Dinner versteht. Für mich ist es perfekt, wenn man mit Freunden oder der Familie an einem Tisch sitzt, gemeinsam isst, miteinander spricht und Zeit zusammen verbringt. Ich bin leider nicht so oft bei meinen Eltern, wie ich das gerne möchte. Wenn ich aber da bin und meine Mama für die ganze Familie kocht, sie sich so viel Zeit nimmt und Mühe macht, damit wir als Familie zusammen essen können, dann weiß ich das sehr zu schätzen, und das ist für mich dann das perfekte Dinner.

RIGATONI-AUBERGENIE

Wie bei so vielen anderen Gemüsesorten gehören Auberginen auch zu denen, wo sich die Geister scheiden. Die einen lieben sie, die anderen hassen sie. Auch hier bin ich wieder in der Fraktion: Ich liebe sie! Aber das wundert euch bestimmt nicht, schließlich liebe ich so gut wie jede Art von Essen :D Ich verspreche euch aber, diese Aubergine wird jeder lieben. Da werden sogar die Hater schwach :D

ZUTATEN FÜR 4 PORTIONEN:
1 große Aubergine
4 EL Olivenöl
8 Scheiben Chorizo
(ca. 5 mm dick)
2 EL getrockneter Oregano
300 g Rigatoni
Salz
Pfeffer

Zubereitungszeit: 30 Minuten

Brate die in Würfel geschnittene Aubergine in einer Pfanne mit Olivenöl an.

Gib dann den Oregano dazu und gare alles unter Rühren etwa 20 Minuten.

Koche inzwischen die Rigatoni in kochendem Salzwasser al dente.

Gieße sie ab und gib sie mit 1 EL Kochwasser zu den Auberginen in die Pfanne.

Erhitze alles 5 Minuten und schmecke dann mit Salz und Pfeffer ab.

»Probiert es aus Freunde, ihr könnt da nichts falsch machen, und es schmeckt hammer!«

SPAGHETTI MIT SPARGEL UND ORANGE

ZUTATEN FÜR 4 PORTIONEN:

10 Stangen grüner Spargel

1 Orange

4 EL Olivenöl

300 g Spaghetti

100 g geriebener Parmesan

Salz

Pfeffer

Zubereitungszeit: 20 Minuten

Schäle den Spargel im unteren Drittel, befreie ihn von den holzigen Enden und halbiere ihn.

Reibe die Schale der Orange ab und schneide das Fruchtfleisch klein.

Erhitze das Öl in einer Pfanne und brate den Spargel 10 Minuten.

Koche inzwischen die Spaghetti in Salzwasser al dente.

Gieße sie ab und gib sie mit dem Parmesan, der Orangenschale und dem Fruchtfleisch in die Pfanne.

Erhitze alles 5 Minuten und schmecke dann mit Salz und Pfeffer ab.

CRISPYROB-TIPP:
Nimm hier unbedingt grünen Spargel.
Weißer und grüner Spargel schmecken
sehr unterschiedlich.

»Es schmeckt so top!«

FILIPES TRAUM

Wenn es eins gibt, was Filipe neben TikTok und Frida wirklich liebt, dann ist es Fleisch. Am liebsten einen ganzen Berg ohne Beilagen :D Deswegen habe ich mir hier ein spezielles Gericht nur für ihn ausgedacht – und die Beilage natürlich so sündig wie nur möglich gehalten. Was soll ich sagen, dieses Gericht ist quasi der/die Holzfäller/in unter all den Gerichten hier. Das perfekte Essen nach einem harten Tag in der Arbeit und einfach nur gut, um danach auf dem Sofa ins Koma zu fallen :D

ZUTATEN FÜR 4 PORTIONEN:
4 Schalotten
Öl für die Fritteuse
200 ml Milch
1 EL Mehl
8 Stängel Petersilie
4 Rindersteaks à 180 g
1 EL Öl
Salz
Pfeffer

Zubereitungszeit: 40 Minuten

Schäle die Schalotten und schneide sie in dünne Ringe. Erhitze in der Fritteuse Öl.
Ziehe die Schalottenringe durch die Milch und wende sie im Mehl. Frittiere sie dann im Öl goldbraun.
Wasche die Petersilie und zupfe die Blätter ab.
Brate die Rindersteaks mit Öl auf jeder Seite 2 Minuten und würze sie mit Salz und Pfeffer.
Richte die Steaks mit den Schalotten und der Petersilie an und serviere sie mit Salat.

CRISPYROB-TIPP:
Hab keine Angst vor dem Frittieren, aber pass gut auf dich auf und gieße das Fett danach nicht einfach in den Abfluss. Fülle es zurück in sein Behältnis und entsorge es im Restmüll.

PESTO-HÄHNCHEN IN BLÄTTERTEIG

ZUTATEN FÜR 4 PORTIONEN:

320 g TK-Blätterteig

4 Hähnchenbrustfilets à 120 g

Meersalz

Pfeffer

4 gehäufte TL Pesto alla Genovese

Olivenöl zum Bestreichen und Beträufeln

400 g Rispentomaten

400 g grüne Bohnen

Zubereitungszeit: 50 Minuten

Heize den Backofen auf 220 °C vor.

Entrolle den Blätterteig, halbiere ihn der Länge nach und schneide jede Hälfte quer in acht gleich große Streifen.

Klopfe die Hähnchenbrustfilets am dickeren Ende mit der Faust flach, bis sie überall etwa gleich dick sind.

Verteile sie in einer ofenfesten Form, würze sie mit Meersalz und schwarzem Pfeffer und bestreiche sie dann mit dem Pesto.

Lege über jedes Hähnchenbrustfilet vier Blätterteigstreifen. Schlage die überlappenden Enden unter dem Fleisch ein und bestreiche den Teig mit etwas Olivenöl.

Lege die Rispentomaten in eine zweite ofenfeste Form, beträufle sie mit etwas Olivenöl und würze sie mit Salz und Pfeffer.

Schiebe die Hähnchenbrustfilets auf der oberen Schiene und die Tomaten auf der unteren Schiene in den Ofen.

Gare alles etwa 20 Minuten, bis der Teig goldbraun und das Fleisch durch ist.

Lege in der Zwischenzeit die Bohnen nebeneinander auf ein Brett und schneide nur die Stielansätze ab. Koche sie in kochendem Salzwasser zirka 7 Minuten. Sie sollten noch bissfest sein.

Lege das Fleisch und die Hälfte der Tomaten auf ein Brett. Zerdrücke die restlichen Tomaten in der Form.

Gieße die Bohnen ab, wende sie in den zerdrückten Tomaten, schmecke mit Salz und Pfeffer ab und verteile sie auf den Tellern.

Schneide die Hähnchenbrustfilets schräg in Scheiben und richte sie zusammen mit den restlichen Tomaten auf den Bohnen an.

LINGUINE MIT ZUCCHINI

ZUTATEN FÜR 2 PORTIONEN:

150 g Linguine

2 Zucchini (gelb und grün)

2 EL Olivenöl

½ Bund Minze (etwa 15 g)

30 g Parmesan

1 Zitrone

Meersalz

schwarzer Pfeffer

Zubereitungszeit: 30 Minuten

Koche die Pasta in kochendem Salzwasser al dente, gieße sie ab und fange dabei einen Becher Kochwasser auf. Halbiere die Zucchini längs und schneide sie dann mit einem Spiralschneider, einem Juliennehobel oder zur Not mit einem Messer in lange dünne Streifen.

Erhitze in einer großen, beschichteten Pfanne das Öl bei mittlerer bis hoher Temperatur und schwitze die Zucchini 4 Minuten an.

Schwenke sie regelmäßig durch.

Schneide währenddessen die Minzeblätter in feine Streifen und gib sie nach und nach in die Pfanne.

Mische die abgetropfte Pasta mit einem Schuss Kochwasser unter die Zucchini.

Reibe den größten Teil des Parmesans und etwas Zitronenschale in die Pfanne, presse den gesamten Saft der Zitrone dazu und mische alles gründlich durch.

Schmecke die Linguine mit Meersalz und schwarzem Pfeffer ab.

Reibe vor dem Servieren den restlichen Parmesan über die Pasta und gib etwas Olivenöl darüber.

»Ist das gut oder gut?«

MEINE ULTIMATIVEN TIPPS GEGEN SCHLECHTE LAUNE

Gegen schlechte Laune hilft natürlich Schokolade, das wissen wir ja schon. Wir wissen aber auch, dass zu viel Schokolade auch nicht gut ist. Daher bekommst du hier von mir meine ultimativen Tipps gegen miese Laune mit null Kalorien.

1

Auf Platz 1 landet auf jeden Fall **Crispy-Rob-Videos** schauen, denn CrispyRob-Videos sind lustig. Das hoffe ich zumindest. Aber wenn sie es nicht wären, dann hättest du vermutlich auch nicht dieses Buch gekauft. Also damit machst du schon mal nichts falsch.

2

Sollte das aber nicht helfen, wieso auch immer, dann schadet es nicht, wenn du **an die frische Luft gehst**, einfach mal tief durchatmest und dir die Beine vertrittst. Besser noch wäre es zu joggen, aber auch ich schaffe das nicht immer.

3

Mein Favorit gegen schlechte Laune ist **Schwimmengehen**. Schon als Kind bin ich sehr gern schwimmen gegangen. Ich weiß auch nicht, warum man das als Erwachsener nicht mehr oder nicht mehr so oft macht. Es gibt aber kaum ein befreienderes Gefühl, als wenn man ein paar Bahnen geschwommen ist. Also, pack einfach dein Badezeug zusammen und fahr ins Schwimmbad, wenn du mal schlecht drauf bist!

4

Ein Tipp gegen schlechte Laune am Morgen ist ein **Energybooster**, der dich aus den Socken haut und garantiert wach macht. Dazu musst du nur eine Zitrone auspressen, einen Fingerbreit geschälten Ingwer und vier Teelöffel grünen Tee dazugeben. Der Tee sollte nur eine Minute lang ziehen. Zum Schluss noch ein paar Eiswürfel hinzufügen und alles gut durchmixen. Und dann beginnt der Kampf, das Ganze hinunterzubekommen, denn der Drink ist schon wirklich megasauer. Aber glaubt mir, Freunde, es geht euch danach echt besser und ihr werdet mit einem Grinse-Gesicht durch die Gegend laufen.

GEMÜSE-GESCHMÜSE

Der Name hört sich vielleicht komisch an, aber es ist tatsächlich ein Ausdruck, den ich sehr häufig privat verwende. Wenn ich spontan etwas kochen will und nicht eingekauft habe, dann gibt es meistens immer einen Gemüseauflauf bei mir. Denn Gemüse habe ich immer da. Wenn dann jemand von den Jungs in der WG fragt, was es zu essen gibt, sage ich immer nur: Gemüse-Geschmüse, und schon wissen die Jungs Bescheid :D Es schmeckt einfach immer und ist supereasy zu machen!

ZUTATEN FÜR 4 PORTIONEN:

2 große Kartoffeln
1 Aubergine
2 Zucchini
3 Tomaten
Salz
Pfeffer
1 EL getrockneter Thymian
6 EL Olivenöl

Zubereitungszeit: 15 Minuten + Backzeit

Heize den Backofen auf 180 °C vor.
Putze das Gemüse, wasche es und schneide es in dünne Scheiben.
Schichte die Gemüsescheiben locker in eine Auflaufform.
Würze sie mit Salz, Pfeffer und Thymian und beträufle sie mit Olivenöl.
Backe das Gratin 1 Stunde und 15 Minuten im Ofen.
Nimm es dann heraus und serviere es in der Form.

CRISPYROB-TIPP:
Hier kannst du ganz verschiedenes Gemüse verwenden. Nimm das, was du am liebsten magst, aber beachte, dass sich die Garzeit dadurch verändern kann.

HÄHNCHEN-KARTOFFEL-AUFLAUF

ZUTATEN FÜR 4 PORTIONEN:

2 große Kartoffeln

2 milde Zwiebeln

3 Fleischtomaten

600 g Hähnchenbrust

2 TL Thymian
(frisch oder getrocknet)

Salz

Pfeffer

150 ml Weißwein

300 ml Wasser

*Zubereitungszeit: 25 Minuten +
Backzeit*

Heize den Backofen auf 170 °C vor.

Schäle die Kartoffeln und die Zwiebeln und schneide
sie in dünne Scheiben.

Schneide die Tomaten in Scheiben und das Hähnchen-
fleisch in große Stücke.

Gib das Gemüse und das Fleisch zusammen mit dem
Thymian in eine Auflaufform. Würze mit Salz und
Pfeffer und gib den Weißwein und das Wasser dazu.

Gare das Ganze im Ofen 30 bis 40 Minuten bei
170 °C Umluft.

Serviere den Auflauf in der Form und reiche einen
Salat dazu.

»Das schmeckt echt einfach nur heftig!«

HÄHNCHENBRUST ASIA-STYLE

ZUTATEN FÜR 2 PORTIONEN:

1 reife Mango

2 EL Hoisin-Soße

2 Hähnchenbrustfilets ohne Haut (à 120 g)

1 EL Olivenöl

Meersalz

Pfeffer

300 g Romanasalat

1 Schälchen Kresse

Zubereitungszeit: 30 Minuten

Erhitze eine Grillpfanne auf hohe Temperatur.

Schneide von der Mango die »Bäckchen« links und rechts vom Stein ab und teile sie längs in je drei Streifen. Schäle sie und schneide das Fruchtfleisch in 1 cm große Würfel.

Drücke den Stein mit den Resten vom Fruchtfleisch über einer Schüssel aus. Verrühre den aufgefangenen Saft mit der Hoisin-Soße zu einem Dressing und teile es auf zwei kleine Schälchen auf.

Klopfe die Hähnchenbrustfilets am dickeren Ende mit der Faust flach, bis beide Enden etwa gleich dünn sind.

Reibe das Fleisch mit dem Olivenöl ein und würze es mit Meersalz und Pfeffer. Grille es dann in der Pfanne auf jeder Seite 2 bis 3 Minuten, bis es gebräunt und durchgegart ist.

Putze inzwischen den Salat und verteile die Blätter auf zwei Tellern.

Schneide die Hähnchenfilets in Scheiben und richte sie auf den Salatblättern an.

Gib die Mangowürfel und die Kresse dazu.

Stelle zuletzt die Schälchen mit dem Dressing dazu und genieße! Die Salatblätter dienen als essbare Unterlage.

ZUCCHINI-GAZPACHO

Diesmal habe ich wieder ein klassisches Rezept etwas abgewandelt. Eigentlich besteht eine Gazpacho hauptsächlich aus Tomaten, bei mir besteht sie aber aus Zucchini. Ich bin sehr gespannt, wie ihr sie findet :) Für mich ist sie wie die Cheesy-Soup die perfekte „Suppe" für warme Tage!

ZUTATEN FÜR 4 PORTIONEN:

1 Bund Basilikum

4 Zucchini

250 ml Wasser

3 TL Pesto verde

4 EL Olivenöl

Salz

Pfeffer

Zubereitungszeit: 10 Minuten + 30 Minuten Kochzeit

Wasche das Basilikum, tupfe es trocken und zupfe die Blätter ab.

Wasche danach die Zucchini, schneide sie in Stücke und gare sie in dem Wasser etwa 30 Minuten.

Gib dann das Pesto, das Olivenöl und drei Viertel der Basilikumblätter dazu. Püriere alles mit dem Stabmixer fein, würze mit Salz und Pfeffer und lass die Masse abkühlen.

Gib zuletzt die restlichen Basilikumblätter zur Gazpacho und serviere sie.

CRISPYROB-TIPP:
Solltest du noch etwas von der Gazpacho übrig haben, wirf sie nicht weg. Du kannst noch super Nudeln dazu kochen und sie nochmal als Soße verwenden.

KOKOS-CURRY-SUPPE MIT GARNELEN

ZUTATEN FÜR 4 PORTIONEN:

20 Blätter Thai-Basilikum

20 rohe, geschälte Garnelen

600 ml Wasser

2 Würfel Hühnerbrühe

2 EL Currypulver

800 ml Kokosmilch

80 g Reisfadennudeln

Zubereitungszeit: 30 Minuten

Wasche das Basilikum, tupfe es trocken und hacke die Blätter.

Entdarme die geschälten Garnelen, wasche sie und tupfe sie trocken.

Gib alle Zutaten außer dem Basilikum und den Nudeln in einen Topf mit dem Wasser und gare die Suppe bei niedriger Hitze 15 Minuten.

Nimm sie dann vom Herd und gib das Basilikum und die Nudeln dazu.

Lass die Suppe noch 5 Minuten ziehen und serviere sie dann.

»So eine Suppe zwischendurch ist genau das Richtige!«

MEIN NAME IST ROB UND ICH BIN SCHOKOHOLIC

Bei dem Kapitel »Sweets & Fun« sind wir natürlich nicht weit entfernt vom Thema Schokolade. Und zu Schokolade habe ich eine doch ganz eigene Beziehung, denn das erste ernsthafte Problem, das ich als Kind hatte, war meine Schokoladensucht.

Ich konnte von Schokolade wirklich nicht genug bekommen und habe geweint, wenn es keine gab. Meine Eltern haben also im Bekanntenkreis herumgefragt, was man in so einem Fall machen kann, und meine Patentante gab ihnen schließlich einen gut gemeinten Tipp, der schon bei vielen Kindern geholfen hätte. Man solle dem Kind extrem viel Schokolade geben und ihm keine Grenzen beim Verzehr setzen, mit dem Ziel, dass es sich überfrisst und von Schokolade erst einmal genug hat. Meine Eltern haben das Experiment gewagt und haben mich im Wohnzimmer mit einem Berg Schokolade allein gelassen mit dem Ergebnis, dass ich alles aufgegessen habe und mein Heißhunger trotzdem noch da war.

Das hat also nicht so gut geklappt, und danach galt dann auch wieder die Regel: nur eine Süßigkeit pro Tag. Als ich dann ausgezogen bin, konnte ich meinen Schokokonsum selbst bestimmen und habe mich erst einmal so richtig ausgelebt. Mittlerweile habe ich meinen Konsum an Süßem ganz gut im Griff, vor allem, weil ich ein Dessert als eigene Mahlzeit betrachte. Ich esse also nicht erst ein herzhaftes Hauptgericht und dann als Nachspeise noch etwas Süßes, sondern das Süße wird gleich mein Hauptgericht. Das hat den Vorteil, dass ich dann natürlich auch mehr davon essen kann und mein Schoko-Sucht-Ich voll auf seine Kosten kommt, aber ich dadurch das Ganze auch bewusst genießen kann.

Leider habe ich die zwei schlechtesten (oder besten) Mitbewohner aller Zeiten, denn die beiden haben ein noch größeres Schokoproblem als ich. Wenn ich eine Dose Nutella kaufe, ist die noch am selben Tag leer. Es hat aber auch den Vorteil, dass – sollte mal bei einem Gericht was schieflaufen – die beiden mit Schokosoße einfach alles essen!

ERDNUSS-AVOCADO-SHAKE

Es geht doch nichts über einen geilen Milchshake! Es muss ja auch nicht immer Milch sein, Mandelmilch ist mindestens genauso lecker, und zusammen mit der Avocado und der Erdnussbutter ist es der perfekte Shake für einen gesunden und sündigen Start in den Tag :P

ZUTATEN FÜR 2 PORTIONEN:
2 Bananen
300 ml Mandelmilch
½ reife Avocado
3 Eiswürfel
2 EL Erdnussbutter

Zubereitungszeit: 5 Minuten

**Schäle die Bananen, schneide sie in Stücke und lege sie 15 Minuten ins Gefrierfach.
Mixe danach alle Zutaten in einem Standmixer.
Serviere den Shake kalt und in hohen Gläsern.**

»Ist das einfach oder ist das einfach?«

APFEL-ZIMT-ROLLE

Die perfekte schnelle Süßspeise für jeden Anlass. Egal, ob Besuch kommt, man eingeladen ist oder einfach für einen Abend auf dem Sofa. Apfel und Zimt zaubern einfach immer eine gewisse Gemütlichkeit im Raum, und der Duft macht garantiert jeden Nachbarn neidisch :D

ZUTATEN FÜR 4 PORTIONEN:
4 säuerliche Äpfel (Renette oder Elstar)
50 g Butter
2 TL Zimtpulver
1 Packung Blätterteig (275 g)
4 EL brauner Zucker

Zubereitungszeit: 35 Minuten

Schäle die Äpfel und schneide sie in Würfel. Gare sie in einer Pfanne mit Butter und Zimt etwa 5 Minuten und lass sie dann abkühlen. Heize den Backofen auf 180 °C vor.
Rolle in der Zwischenzeit den Teig auf einem Backblech aus, belege eine Hälfte der Länge nach mit Äpfeln und streue 2 EL Zucker darüber. Schlage die nicht belegte Hälfte Teig darüber und drücke die Ränder fest.
Bestreue die Rolle mit dem übrigen Zucker und backe sie im Ofen etwa 25 Minuten.

Du kannst die Apfel-Zimt-Rolle warm oder kalt servieren.

FRESH AVOCADO-EIS

ZUTATEN FÜR 6 PORTIONEN:

400 ml Kokosmilch aus der Dose

3 reife Avocados

½ Bund Minze (etwa 15 g)

2 EL Zitronensaft

50 g Agavendicksaft

100 g Schokoladen-Drops aus Zartbitterschokolade (Kakaogehalt mind. 70 %)

Zubereitungszeit: 15 Minuten + Gefrierzeit

Bevor du die Kokosmilchdose öffnest, solltest du sie nicht schütteln. So kannst du den festen Teil oben herauslöffeln und in eine große Schüssel geben.

Schlage mit einem Handrührgerät die feste Kokosmilch schaumig und gib sie dann in eine Kuchen- oder Auflaufform.

Halbiere die Avocados, entkerne sie, löse das Fruchtfleisch heraus und gib es in einen Mixer.

Wasche die Minze, schüttle sie trocken und zupfe die Blätter ab.

Püriere das Avocado-Fruchtfleisch mit dem Zitronensaft, dem Agavendicksaft und der Minze zu einer cremigen und glatten Masse.

Gib die Avocado-Masse auf die schaumige Kokoscreme, bestreue sie mit den Schokoladen-Drops und vermische alles vorsichtig, aber gleichmäßig miteinander. Die Oberfläche der Masse sollte relativ glatt sein.

Lege Frischhaltefolie auf die Eismasse und drücke sie leicht an, so dass keine Luft zwischen der Folie und der Eismasse bleibt.

Stelle das Eis mindestens 2 Stunden in das Gefrierfach.

FALCOS TRAUM

ZUTATEN FÜR 6 PORTIONEN:

Für den Boden:

1 Ei

50 g Kokosöl

30 g Kokosblütenzucker

100 g gemahlene Mandeln

100 g Kokosmehl

40 g feine Haferflocken

1 TL Backpulver

Für den Belag:

2 Eier

60 g brauner Zucker

1 Beutel echter Vanillezucker

200 g Frischkäse

200 g Magerquark

1½ Zitronen

*Zubereitungszeit: 30 Minuten +
Backzeit*

Heize den Backofen auf 150 °C vor.

Vermenge für den Boden das Ei, das erwärmte Kokosöl, den Kokosblütenzucker, die Mandeln, das Kokosmehl, die Haferflocken und das Backpulver miteinander. Drücke den Teig dann gleichmäßig in eine Springform. Trenne nun für den Belag die Eier und schlage das Eiweiß steif.

Verrühre danach das Eigelb mit dem braunen Zucker, Vanillezucker, Frischkäse und Magerquark gut miteinander. Wasche die ganze Zitrone heiß ab und reibe die Schale fein ab.

Presse aus beiden Zitronen den Saft aus.

Gib den Saft und den Abrieb der Schale zum Teig und rühre alles unter.

Hebe dann den Eischnee vorsichtig unter die Masse.

Gib die Füllung auf den Teigboden in der Springform und backe den Kuchen im vorgeheizten Ofen zirka 40 Minuten goldbraun.

»Ich kann nicht glauben, wie lecker das ist!«

BLUE-ISLAND-CAKE

Hier gibt es für euch mal einen etwas anderen Cheesecake. Statt einem Boden aus Keksen haben wir hier einen aus Pumpernickel, ein Brot, das ich sonst eigentlich nie esse. Aber es war zu Hause und musste aufgebraucht werden, und wie könnte man das besser machen, als daraus ein Fundament für einen leckeren Kuchen zu zaubern. Probiert es aus!

ZUTATEN FÜR 1 KUCHEN:

Für den Boden:
5 große Scheiben Pumpernickel
75 g zerlassene Butter
1 EL Ahornsirup

Für den Belag:
400 g Frischkäse mit Joghurt
250 g Magerquark
100 g Zucker
½ Zitrone
1 Vanilleschote
100 g Sahne
1 Päckchen Gelatine

Außerdem:
600 g Blaubeeren

Zubereitungszeit: 30 Minuten + Kühlzeit

Zerbrösle das Brot und mische es mit der Butter und dem Ahornsirup.

Fülle die Masse in eine kleine Springform (22 cm Durchmesser) und drücke sie am Boden gründlich fest.

Stelle den Kuchenboden kalt.

Verrühre in der Zwischenzeit den Frischkäse und den Quark mit dem Zucker, der Zitronenschale, dem Zitronensaft und dem ausgekratzten Vanillemark.

Schlage die Sahne steif und hebe sie unter die Frischkäsemasse.

Rühre dann die Gelatine nach Packungsanleitung ein.

Fülle die Masse in die Springform und stelle den Kuchen kalt.

Wasche die Beeren und lass sie gut abtropfen. Gib sie auf den Kuchen und stelle ihn weitere 3 Stunden kalt.

DIE TOP 5 DER
VERRÜCKTESTEN ESSENSKOMBINATIONEN

Liebe Freunde des guten Geschmacks, über Geschmack lässt sich bekanntlich ja nicht streiten. Was der einen schmeckt, ist dem anderen ein Graus. Da wir Menschen aber – rein biologisch betrachtet – nun mal »Nahrungsgeneralisten« oder schlicht »Allesfresser« sind, scheue ich mich nicht, auch Essenskombinationen auszuprobieren, die auf den ersten Blick vielleicht verrückt erscheinen. Auf den zweiten Blick oder besser gesagt nach dem ersten Bissen komme ich oft zu der Erkenntnis, dass manch ungewöhnliche Kombination absolut geil schmeckt. Wer fleißig meine Videos sieht, weiß, dass ich ein Herz für Hardcore-Nahrungsgeneralisten habe und ich immer mal wieder deren kreativen Essenskombinationen präsentiere. Die besten – oder soll ich sagen die verrücktesten – fünf möchte ich euch nicht vorenthalten.

5
AUF PLATZ 5 LANDET BEI MIR DIE KOMBI VON CHIPS MIT SCHMAND ALS DIP.

Dima und ich haben das ausprobiert, und wir waren absolut geflasht. Wir hätten nicht gedacht, dass das so megakrass gut schmeckt. Vor allem aber ist Schmand ein absolut genialer Notfall-Dip, falls man mal keinen Käse-Dip oder Salsa-Dip zu Hause hat. Schaut einfach mal im Kühlschrank nach, ob nicht Mama oder Papa Schmand gekauft haben, und probiert es selbst aus. Vielleicht schmeckt euch dieser Dip ja sogar noch besser als die üblichen Dips für Chips.

4

PLATZ 4 BELEGT KNOPPERS MIT FRISCHKÄSE.

Wir haben dazu – wie überraschend – das Knoppers mit Frischkäse bestrichen. Klingt zwar crazy, schmeckt aber echt lecker, denn der Frischkäse harmoniert perfekt mit der Haselnuss-Milch-Waffel. Ich kenne kein anderes süßes Produkt, das so gut zu Frischkäse passt.

3

PLATZ 3 EROBERN SICH SCHOKOHÖRN-CHEN MIT FRUCHTJOGHURT.

Ihr kennt doch alle die Schokohörnchen, die man im Supermarkt kaufen kann. Bei denen gibt es nur ein Problem, und das sind die trockenen Enden, denn die Schoko-füllung ist meist nur in der Mitte zu finden. Um den perfekten Genuss im wahrsten Sinne des Wortes vom Anfang bis zum Ende zu haben, dippt man die trockenen Teile des Hörnchens einfach in einen Fruchtjoghurt seiner Wahl. Und – zack – hat man eine Geschmacksexplosion im Mund. Klingt zunächst auch eher verrückt, aber wenn ihr es selbst mal ausprobiert habt, werdet ihr garantiert nie wieder trockene Schokohörnchen essen!

2

PLATZ 2 NIMMT EIN GANZ BESONDERES SANDWICH EIN: FLADENBROT MIT WASSERMELONE UND SCHAFSKÄSE.

Ich hätte nicht gedacht, dass Wassermelone auf Brot schmecken kann, und das, obwohl ich Wassermelone liebe. Am liebsten aber eben pur. Dachte ich jedenfalls, bis ich zum ersten Mal Wassermelone und Schafskäse in einem Fladenbrot gegessen habe. Die drei Komponenten passen wunderbar zusammen, und das Ganze schmeckt einfach nach einem richtig gesunden Butterbrot!

Noch ein kleiner Tipp: Sollte jemandem das Brot zu trocken sein, auch wenn die Wassermelone schon sehr saftig ist, der kann noch etwas Agavendicksaft dazugeben. Dann ist das Sandwich perfekt!

1

PLATZ 1 GEHT AN DAS APFEL-SANDWICH.

Ich hätte nie geglaubt, dass ich mal ein Sandwichrezept eines Zuschauers erhalte, das mich vom Hocker haut. Aber dieses hat es geschafft, und es ist noch dazu ganz simpel. Man nimmt eine Scheibe Toast, toastet sie gut und streicht dann ordentlich salzige Butter darauf, sodass sich das Brot schön mit ihr vollsaugt. Danach belegt man den Toast mit sehr dünnen Apfelscheiben und streut zum Schluss noch etwas Puderzucker darüber. Fertig!

Zuerst war ich skeptisch, aber jetzt ist es eines meiner Lieblings-Sandwich-Rezepte. Probiert es selbst aus, es schmeckt absolut genial!

Vielen Dank an dieser Stelle an alle Zuschauer, die mir diese Rezepte geschickt haben. Macht weiter so und lasst euch weiterhin so genial schräge Essenskombis einfallen!

TIRAMISU TO GO

Tiramisu ist, glaube ich, eine der beliebtesten Nachspeisen der Deutschen und bestimmt auch in vielen anderen Ländern. Und weil man Tiramisu nicht nur zu Hause oder im Restaurant essen sollte, sondern überall, wo man Bock dazu hat, wie z. B. im Park, in der Arbeit, Uni oder Schule, gibt es hier mein Tiramisu to go!

ZUTATEN FÜR 4 PORTIONEN:

1 Tasse Kaffee (oder Espresso)
150 g Löffelbiskuit
8 EL Amaretto (optional)
3 Eier
250 g Mascarpone
50 g Zucker
2 EL Kakaopulver

Zubereitungszeit: 20 Minuten + Kühlzeit

Koche zuerst eine Tasse starken Kaffee oder Espresso und stelle ihn zum Abkühlen auf die Seite.

Zerbrösle die Löffelbiskuits in kleine Stückchen und teile sie auf vier Dessertgläser auf.

Träufle jeweils 2 EL Kaffee darüber und drücke die Kekse am Boden an. Du kannst noch einen Schuss Amaretto dazugeben.

Trenne die Eier.

Verrühre mit einem Handrührgerät die Mascarpone mit dem Zucker und dem Eigelb, bis eine cremige Masse entsteht.

Schlage das Eiweiß steif und hebe es vorsichtig unter die Mascarpone-Creme.

Gib die Creme auf die Kekse in den Gläsern, bis diese knapp zur Hälfte gefüllt sind.

Schichte eine zweite Lage Löffelbiskuit darauf, träufle Kaffee darüber und verteile die restliche Creme darüber.

Stelle das Dessert 1 bis 2 Stunden kalt.

Bestäube das Tiramisu vor dem Servieren mit dem Kakaopulver.

VEGANER HAFERBREI MIT BEEREN

Das perfekte Frühstück für einen gemütlichen Wintermorgen ist auf jeden Fall dieser Haferbrei. Er bringt nicht nur einen wunderbaren Duft in die ganze Küche und die restlichen Zimmer, sondern macht auch ordentlich satt und wärmt von innen. Perfekt für einen Tag in der Kälte draußen, ohne dass diese einem was anhaben kann.

ZUTATEN FÜR 4 PORTIONEN:

125 g Haferflocken
400 ml Hafermilch
1 Prise Salz
2 EL Agavendicksaft
½ Vanilleschote
½ Zitrone
2 TL vegane Erdbeermarmelade
1 Prise gemahlener Zimt
1 EL Mandelblätter
250 g Beerenfrüchte
(Erdbeeren, Brombeeren,
Heidelbeeren, Himbeeren)

Zubereitungszeit: 20 Minuten

Bringe zunächst die Haferflocken mit der Milch, einer Prise Salz und dem Agavendicksaft unter Rühren zum Kochen. Nimm den Topf vom Herd, sobald der Brei anfängt zu binden.
Lass ihn etwa 5 bis 10 Minuten ausquellen.
Schneide dann die Vanilleschote längs auf und kratze das Mark mit einem spitzen Messer heraus.
Spüle die Zitrone heiß ab, tupfe sie trocken und reibe die Schale fein.
Verrühre die Marmelade, das Vanillemark, die Zitronen-schale und den Zimt miteinander und mische alles zügig unter den noch warmen Brei.
Teile nun den Brei auf Portionsschälchen auf.
Röste die Mandelblätter in einer Pfanne ohne Fett goldbraun.
Wasche die Früchte, tupfe sie trocken und schneide sie je nach Sorte und Größe eventuell noch klein.
Streue zuletzt die Früchte und die Mandeln auf den Brei.

INGWER-ZITRUS-SORBET

Ingwer ist ja bekanntlich die Wunderwaffe bei jeder Erkältung, aber was macht man, wenn es 35 Grad warm ist, man eine Sommergrippe hat und ein heißer Tee nicht unbedingt das Richtige ist? Genau, einfach ein Sorbet draus zaubern. Ist nicht nur gut für den Hals, sondern auch für das gesamte Immunsystem. Egal, ob krank oder gesund, es ist einfach mega-erfrischend.

ZUTATEN:

1 Stück Ingwer (ca. 30g)
100 g Rohrzucker
250 ml Wasser
½ Zitrone
1 Limette

Für das Kompott:

1 kleine Papaya
3 EL Agavendicksaft
125 ml Weißwein oder
Birnensaft

*Zubereitungszeit:
30 Minuten + Gefrierzeit*

Schäle den Ingwer und hacke ihn fein. Koche ihn mit dem Zucker in dem Wasser auf und lass alles 10 Minuten bei kleiner Hitze köcheln. Gieße danach den Sud durch ein feines Sieb in einen zweiten Topf.

Wasche die Zitrone und die Limette, tupfe sie trocken und reibe die Schalen ab.

Presse anschließend die Zitrone und die Limette getrennt aus. Gib die Zitrusschalen ins Ingwerwasser, lass alles 1 Minute kochen und nimm dann den Topf vom Herd. Rühre 2 EL Limetten- und 1 EL Zitronensaft unter.

Lass den Sud vollständig abkühlen, gieße ihn danach in eine Auflaufform oder eine flache Schale und lass ihn 3 bis 5 Stunden gefrieren, bis er hart ist (am besten über Nacht).

Schäle für das Kompott die Papaya, halbiere sie und entkerne sie. Schneide das Fruchtfleisch in kleine Würfel. Koche sie mit dem Agavendicksaft und dem Weißwein oder dem Birnensaft einmal auf, nimm dann das Kompott vom Herd und lass es abkühlen.

Püriere zuletzt das Eis mit dem Stabmixer oder in der Küchenmaschine und stelle es anschließend eine weitere Stunde wieder in den Gefrierschrank.

Portioniere das Sorbet zu Kugeln und serviere es zusammen mit dem Kompott.

CRISPYROB-TIPP:
Dieses Sorbet ist auch toll gegen Halsschmerzen. Statt es in einer großen Form ins Kühlfach zu legen, kannst du es auch in eine Eiswürfelform geben und dann bei Bedarf einen Eiswürfel lutschen.

EASY & HOT CAKE

ZUTATEN FÜR 4 PORTIONEN:
4 Eier
etwa 2 EL Nuss-Nougat-Creme
(z. B. Nutella)
Vanilleeis nach Belieben

*Zubereitungszeit: 10 Minuten +
Backzeit*

Heize den Backofen auf 180 °C vor.
Schlage die Eier mit einem Handrührgerät
8 Minuten lang schaumig auf.
Lass die Nuss-Nougat-Creme in der Mikrowelle
etwas dünnflüssiger werden und ziehe sie mit
einem Teigspatel unter die Eiermasse.
Fülle die Masse in vier ofenfeste Förmchen und
backe sie im Ofen 15 Minuten.
Serviere den Lavacake heiß mit Vanilleeis.

CRISPYROB-TIPP:
Es ist wichtig, dass du die Eimasse wirklich
8 Minuten schlägst. Die Masse muss schön
steif und schaumig werden.

»Wie kann so etwas Einfaches nur so gut sein!«

ORANGEN-TASSEN-PUDDING

ZUTATEN FÜR 6 PORTIONEN:

100 ml Olivenöl

375 g Orangenmarmelade
mit Fruchtstücken

150 g Kochsahne

2 Eier

100 g selbsttreibendes Mehl

150 g gemahlene Mandeln

1 Prise Meersalz

Zubereitungszeit: 10 Minuten

Fette zunächst sechs ofenfeste Förmchen oder Tassen mit Olivenöl aus.

Verrühre dann in einer großen Schüssel das Olivenöl mit 2 EL Marmelade, der Sahne und den Eiern mit einem Schneebesen.

Füge das Mehl, die Mandeln sowie 1 Prise Meersalz hinzu und mische alles sorgfältig unter.

Gib die restliche Marmelade mit einem Schuss Wasser in einen kleinen Topf und lass sie bei mittlerer bis starker Hitze köcheln, bis sie sirupartig eingekocht ist. Nimm sie dann vom Herd.

Teile die Puddingmasse auf die Förmchen auf.

Stelle dann immer zwei Tassen gleichzeitig in die Mikrowelle und gare den Pudding auf hoher Stufe 2 bis 3 Minuten, bis er aufgegangen ist.

Stürze den Pudding aus der Form und beträufle ihn mit dem Marmeladensirup.

CRISPYROB-TIPP:
Genieße den Pudding, solange er noch warm ist, dann schmeckt er am besten.

CRISPYROBS KLEINE WARENKUNDE

A

Die **Açai-Beere** stammt aus Südamerika, wo sie hauptsächlich im Amazonasgebiet wächst. Sie wird aufgrund ihrer hohen Nährstoffdichte auch als Superfood bezeichnet. Tatsächlich enthält sie einen ungewöhnlich hohen Anteil an Antioxidantien und viele Vitamine und Mineralstoffe.

Agavendicksaft, auch **Agavensirup** genannt, wird aus verschiedenen Arten der Agave gewonnen. Er wird als Süßungsmittel oft als Alternative zu Kristallzucker verwendet. Da der Agavendicksaft rein pflanzlich ist, wird er gern in der veganen Küche als Süßungsmittel eingesetzt. Er ist süßer als Honig, jedoch nicht ganz so dickflüssig, und besteht hauptsächlich aus Fructose und Glucose.
Agavensirup gibt es als durchsichtige, bernsteinfarbene, dunkle und rohe Variante. Der durchsichtige und der rohe Agavendicksaft haben einen beinah neutralen Geschmack. Die dunkleren Varianten haben eine leichte bis starke Karamellnote.

B

Eine **Balsamico-Creme** ist eine Reduktion aus Balsamico-Essig, der zusammen mit Zucker und Traubensaft eingekocht wird. Die Balsamico-Creme eignet sich zum Verzieren von Gerichten und gibt diesen einen letzten geschmacklichen Pfiff.

Büffelmozzarella ist ein italienischer Filata-Käse, der aus der Milch von Wasserbüffeln produziert wird. Im Unterschied zur Kuhmilch hat die Wasserbüffelmilch einen doppelt so hohen Fettgehalt (8 %). Der Mozzarella-Käse, der aus Büffelmilch gewonnen wird, hat einen Fettgehalt von 50 %, der aus Kuhmilch 45 % i. Tr. Der Büffelmozzarella ist weicher und im Geschmack kräftiger als Kuhmilchmozzarella. Dem originalen Mozzarella di Bufala Campana wurde von der EU 1996 das Prädikat »geschützte Ursprungsbezeichnung« verliehen.

C

Chiasamen gelten als sogenanntes Superfood. Die Samen enthalten nämlich viele Proteine, Vitamine, Mineralstoffe, Ballaststoffe und Antioxidantien. Chiasamen sind daher ideale Sattmacher und liefern viel Energie.

Zudem sind sie in allen Gerichten verwendbar, sind glutenfrei, liefern ein perfektes Verhältnis an Fettsäuren, senken den Cholesterinspiegel und sind gut für die Nerven. Die Samen stammen von einer ursprünglich fast nur in Mexiko und Zentralamerika vorkommen Pflanzenart der Gattung des Salbei (Salvia).

Die **Chorizo** ist eine mit Paprika und Knoblauch gewürzte Rohwurst vom Schwein aus Spanien und Portugal. Die rote Farbe und ihr typischer Geschmack rühren von dem Paprika her. Sie enthält wesentlich mehr Paprika als die ungarische Paprikawurst Kolbász.

Couscous kommt aus der nordafrikanischen Küche. Hauptbestandteil ist befeuchteter und zu Kügelchen zerriebener Grieß aus Hartweizen, Gerste oder Hirse. Der Grieß wird dabei nicht gekocht, sondern gedämpft. Couscous ist etwas Ähnliches wie Bulgur, der aus der Küche des Nahen Ostens stammt. Bulgur ist aber kein Grieß, sondern eine Weizengrütze.

E

Edamame heißt auf Japanisch in etwa so viel wie »Bohnen am Zweig«. Gemeint sind damit Sojabohnen, die noch unreif geerntet werden. Die Bohnen werden im Ganzen gegart, oft noch mit dem Stängel, an dem sie hängen. Erst nach dem Kochen werden die grünen Sojabohnen aus der Hülse gelöst, und nur diese, nicht die Fruchtwand der Hülsen, werden gegessen.

H

Die **Hoisin-Soße** stammt aus der chinesischen und vietnamesischen Küche. Die dickflüssige, dunkle Soße schmeckt süßlich und recht kräftig. Sie besteht hauptsächlich aus fermentierten Sojabohnen, Zucker, Mehl, Knoblauch, Essig, Chili, Salz und Sesamöl. Man isst sie vor allem zu Fleisch wie Spanferkel oder Pekingente.

K

Achte bei dem Kauf von **Kokosprodukten** darauf, dass sie nachhaltig und ökologisch produziert worden sind, denn dies ist bei den wenigsten Herstellern der Fall.

Kokosöl, **Kokosnussöl** oder **Kokosfett** ist ein Pflanzenfett, das aus der Frucht der Kokospalme (der Kokosnuss) gewonnen wird. Es hat eine milde und frische Kokosnussnote.

Kokosblütenzucker gewinnt man aus dem Nektar der Kokospalme. Kokosblütenzucker besitzt einen sehr niedrigen glykämischen Wert. Das bedeutet, dass dieser Zucker den Blutzuckerspiegel langsam und gleichmäßig ansteigen lässt und im Unterschied zu hochglykämischen Lebensmitteln wie Kristallzucker keine Zuckerhöhen und -tiefen verursacht. Zudem hält durch die langsamere Energieausschüttung auch das Sättigungsgefühl bei niedrigglykämischen Lebensmitteln länger an.

L

Linguine sind Spaghetti-ähnliche Nudeln, die jedoch flach sind. Nach dem Kochen ist eine einzelne Nudel in etwa 4 mm breit. Sie werden häufig mit Pesto alla Genovese zubereitet.

M

Mascarpone ist ein sehr fettreicher Doppelrahm-Frischkäse (Fettgehalt: 80 % i. Tr.), der ursprünglich aus Italien stammt. Bei seiner Herstellung wird der Rahm mit Zitronen-, Wein- oder Essigsäure dickgelegt. Es entsteht ein milder und cremiger Frischkäse, der gern für Süßspeisen (z. B. Tiramisu) und Torten verwendet wird.

N

Nori sind essbare Meeresalgen, die als getrocknete, papierartige Blätter zu kaufen sind. Meist werden Purpurtange (blattartige Rotalgen) für Nori verwendet.

P

Panko oder **Panko-Mehl** stammt aus der japanischen Küche und wird dort zum Panieren verwendet. Da es aus einem Weißbrot ohne Kruste produziert wird, ist es heller als unser herkömmliches Paniermehl und macht die Panade nach dem Frittieren schön knusprig.

Parmesan ist ein italienischer Hartkäse aus Kuhmilch mit mindestens 32 % Fett i. Tr. Der würzige Käse eignet sich hervorragend zum Reiben und findet in vielen Pasta- und Pesto-Gerichten Verwendung. Der originale Parmigiano Reggiano hat eine lange Tradition und ist seit 1996 in der EU ein Produkt mit geschützter Ursprungsbezeichnung.

Pasta ist in der italienischen Küche eine Sammelbezeichnung für Teigwaren aus Hartweizengrieß, Wasser und Salz. Pasta gibt es in allen möglichen Formen und Größen.

Als **Pesto** wird in der italienischen Küche eine ungekochte Soße bezeichnet, die meist mit Nudeln vermischt als Gericht serviert wird. Man kann sie aber auch als Dip oder als Aufstrich für Bruschetta verwenden. Das bekannteste Pesto, das **Pesto alla Genovese**, besteht aus Basilikum, das zusammen mit Pinienkernen, Knoblauch, Olivenöl, Salz und Käse püriert wird.

Provolone ist ein italienischer Hartkäse mit 44 % F. i. Tr. Er zählt zu den sogenannten Filata-Käsesorten, bei deren Herstellung die Bruchmasse gesäuert, abgebrüht und zu langen Fäden ausgezogen wird. Eine andere bekannte italienische Sorte dieses Brühkäses ist der Mozzarella.

R

Reisessig stellt man in Japan traditionellerweise aus fermentiertem Reis oder Reiswein her. Reisessig weist nur drei bis vier Prozent Essigsäure auf und ist daher recht mild.

Für eine **Remouladesoße** wird zunächst eine Mayonnaise aus Öl, Weinessig oder Zitronensaft, Eigelb und Senf hergestellt. Danach wird sie mit Kräutern wie Petersilie, Kerbel und Estragon und weiteren Zutaten wie Kapern, feingehackten Sardellenfilets und kleingeschnittenen Gewürzgurken verfeinert.

Rigatoni sind relativ kurze, dicke Röhrennudeln mit einem großen Hohlraum. Sie werden vor allem zu Soßen gegessen.

S

Sashimi bezeichnet in der japanischen Küche die Zubereitung von rohem Fisch und Meeresfrüchten. Im Unterschied zu Sushi wird der Fisch nicht mit Reis serviert.

Schmand ist saure Sahne oder Sauerrahm. Er besitzt einen Fettanteil von mindestens 20%.

Selbsttreibendes Mehl ist ein Mehl, bei dem das Backtriebmittel schon beigefügt ist und daher nicht noch extra Backpulver zugegeben werden muss.

Serrano-Schinken ist ein magerer Schweineschinken aus Spanien, der ursprünglich an der frischen Bergluft reifte.

Sushi-Reis ist ein spezieller Reis, der sich für die Sushi-Zubereitung hervorragend eignet. Er ist ein Rundkornreis mit einem feinen, süßlichen Eigenaroma und klebrig-weichem Korn.

T

Die **Tapenade** stammt aus der französischen Küche und wird als Brotaufstrich oder Dip verwendet. Sie besteht hauptsächlich aus entsteinten Oliven, Anchovis und Kapern.

Eine **Teriyaki-Soße** ist in der japanischen Küche eine Mischung aus Sojasoße und Reiswein (Sake oder Mirin). Mit ihr werden Fisch, Fleisch und Gemüse mariniert, das dann gegrillt, gebraten oder geschmort wird. Die Soße macht den besonderen Geschmack der Gerichte aus. Teriyaki-Soße gibt es mittlerweile überall im Handel zu kaufen.

W

Worcestersoße geht auf die traditionelle Worcestershiresoße zurück, einer klassischen Würzsoße aus England. Die Originalsoße besteht aus Essig, Melasse, Zucker, Salz, Zwiebeln, Knoblauch, Sardellen, Tamarinden-Extrakt und verschiedenen Gewürzen. Sie muss über mehrere Jahre in geschlossenen Behältern reifen. Ähnliche Produkte werden unter dem nicht geschützten Namen Worcestersoße angeboten und bestehen meist aus Essig und Sojasoße als Basis und enthalten zusätzlich Wasser, Senf, Pfeffer, Chili und andere Gewürze. Geschmacklich weichen sie daher von der Originalsoße deutlich ab.

CRISPYROBS KLEINES KÜCHENLEXIKON

A

Abschrecken: Gemeint ist nicht, dass du Eier oder gekochtes Gemüse erschrecken sollst, sondern du sollst es schnell abkühlen, indem du es zum Beispiel in sehr kaltes Wasser tauchst. Dadurch wird der Garprozess unterbrochen.

Al dente: Nicht nur die Italiener unter euch wissen, dass mit al dente »bissfest« gemeint ist. Gemüse und vor allem Nudeln werden al dente gekocht, das heißt, dass beim Kauen der Lebensmittel noch ein Widerstand spürbar sein soll.

Anschwitzen: Beim Anschwitzen garst du beispielsweise Zwiebeln in Fett bei niedriger Hitze, bis sie glasig werden und etwas Flüssigkeit verlieren.

Auslassen: Ein ausgelassener Speck ist kein Karnevalsjeck, sondern ein Speck, den man in einer Pfanne anbrät, bis das Fett heraustritt. Er wird dadurch so richtig schön kross.

B

Baiser: Baiser ist ein Kuss auf Französisch oder eine Schaummasse aus Eischnee und Zucker, die im Ofen bei sehr geringer Temperatur gebacken wird.

Binden: Wenn du Suppen oder Soßen eindicken willst, »bindest« du sie. Dazu kannst du zum Beispiel Butter oder Mehl verwenden.

C

Carpaccio: Carpaccio ist ursprünglich eine italienische Vorspeise, bei der eine gut gekühlte Rinderlende roh in hauchdünne Scheiben geschnitten wird. Das Fleisch wird gesalzen und gepfeffert und mit Rucola und Parmesan garniert.
Mittlerweile bezeichnet man mit Carpaccio auch andere Speisen, die aus sehr dünn geschnittenen und marinierten Zutaten bestehen.

Confit: Confit ist in Fett gekochtes Fleisch, das dadurch haltbar gemacht wird.

D

Dämpfen: Beim Dämpfen garst du Lebensmittel im Wasserdampf bis zu 100 °C. Durch dieses schonende Verfahren bleiben wertvolle Vitamine und Mineralien erhalten und das Gemüse bleibt knackig.

Dünsten: Wenn du dein Gemüse ohne Fett, dafür mit etwas Flüssigkeit wie Wein, Brühe oder Wasser garst, dann dünstest du es.

E

Entdarmen: Klingt unappetitlich, und ist es auch. Die dunkle Linie, die man bei Garnelen auf dem Rücken sieht, ist deren Darm samt Inhalt. Schon allein aus ästhetischen Gründen sollte man den Darm entfernen, die Garnele also entdarmen.

F

Farce: Eine Farce in der Küche ist kein absurdes Theater, sondern eine Füllung aus kleingehacktem Fleisch, Fisch oder Gemüse.

Flambieren: Beim Flambieren übergießt du eine Speise mit hochprozentigem Alkohol, zündest ihn an und verbrennst ihn. Dadurch aromatisierst du die Speise, und zudem ist es eine coole Showeinlage für deine Gäste.

G

Gargrad/Garstufe: Bestellst du ein Steak in einem guten Restaurant, wirst du nach dem Gargrad gefragt, den dein Fleisch haben soll. Du kannst im Groben zwischen den Stufen »rare« (das Fleisch wird außen nur kurz angebraten, innen ist es noch blutig), »medium« (das Fleisch ist außen gut angebraten, innen ist es rosa gefärbt; beim Schneiden tritt Fleischsaft aus) oder »well done« (das Fleisch ist außen kräftig angebraten, innen ist es komplett durchgegart) wählen.

Gazpacho: Ein Gazpacho ist eine kalte Suppe aus ungekochtem Gemüse. Sie stammt ursprünglich aus Andalusien und der Algarve. Traditionellerweise wird sie aus Tomaten, Weißbrot, grünen Paprika, Salatgurken, Knoblauch, Olivenöl, Essig, Salz und Wasser zubereitet.

Gehen lassen: Du solltest dich nicht gehen lassen, einen Hefeteig aber schon. Denn ein Hefeteig braucht Zeit, damit sich die Hefe entwickeln und der Teig aufgehen kann. Wenn du ihn abgedeckt in einer Schüssel »gehen lässt«, vergrößert sich sein Volumen mit der Zeit.

Gelatine: Mit Gelatine kannst du flüssige Lebensmittel gelieren und abbinden. Du verwendest sie daher oft bei Nachspeisen. Wenn du Vegetarier oder Veganer bist, wirst du wissen, dass Gelatine aus Tierknochen und Tierhäuten gewonnen wird, und daher pflanzliche Alternativen, wie zum Beispiel Agar-Agar, benutzen.

Gratinieren: Beim Gratinieren überbackst oder überkrustest du ein Gericht (z. B. mit viiiiiiiiiiiiiiiiiiiiiiel Käse), damit sich eine schöne Kruste bildet. Dafür brauchst du im Backofen eine hohe Oberhitze.

J

Julienne: Julienne ist keine Koseform von »Julia«, sondern meint in küchentechnischen Zusammenhängen Gemüse, das in streichholzartige, feine Stifte geschnitten wird.

Jus: Jus ist nichts anderes als der ausgekochte »Saft« von Knochen und Bratenstücken, den du als Basis für Soßen verwenden kannst.

K

Köcheln: Wenn Speisen vor sich »hinköcheln«, dann kochen sie in einer schwach brodelnden Flüssigkeit mit einer Temperatur von unter 100 °C.

L

Löschen/Ablöschen: Durch das Anbraten von Fleisch oder Gemüse entsteht in der Pfanne ein Bratensatz. Damit sich dieser löst, gießt man Flüssigkeit, z. B. Wasser oder Wein, hinzu; man »löscht« das Kochgut. Der gelöste Bratensatz und die Flüssigkeit bilden die Grundlage für Soßen.

M

Marinieren: Damit Gemüse, Fleisch oder Fisch einen bestimmten Geschmack annehmen oder zarter werden, »marinierst« du sie, d. h. du legst sie in eine aromatische Flüssigkeit, wie Kräuteröl oder Wein, und lässt sie darin ziehen.

N

Nadelprobe: Bevor du einen Kuchen oder ein Brot aus dem Backofen nimmst, solltest du mit einer Nadel hineinstechen und überprüfen, ob noch Teigreste daran kleben. Ist das der Fall, muss der Kuchen oder das Brot noch länger im Ofen bleiben.

P

Panieren: Wenn du Wiener Schnitzel genauso gern isst wie ich, dann musst du das Schnitzelfleisch »panieren«. Dazu wälzt du das Fleisch nacheinander in Mehl, verquirltem Ei und Paniermehl und backst es anschließend in heißem Fett aus. Du kannst übrigens auch Käse panieren!

Passieren: Beim Passieren entfernst du feste Bestandteile aus Flüssigkeiten oder Klümpchen aus breiartigen Gerichten. Du gießt oder streichst dazu Flüssigkeiten oder Mus durch ein Sieb.

R

Reduzieren: Wenn du Flüssigkeiten wie Soßen, Fonds, Wein etc. stark einkochst, »reduzierst« du sie. Dadurch werden die Reduktion dickflüssiger und der Geschmack konzentrierter.

Rösten: Beim Rösten brätst du Lebensmittel ohne Fett an.

S

Schmoren: Wenn du jemanden schmoren lässt, ist das nicht nett. Ganz anders ist das, wenn du einen Braten schmorst. Hier machst du alles richtig, wenn du ein bereits angebratenes Fleisch langsam im Backofen oder auf dem Herd in einem geschlossenen Topf mit etwas Flüssigkeit und bei niedriger Temperatur garen lässt.

Sorbet: Mit Sorbet wird ein eiskaltes Getränk oder eine halbgefrorene Speise aus Fruchtsaft, Fruchtpüree und Zucker bezeichnet. Die klassische Variante ist das Zitronensorbet. Damit das Sorbet geschmeidig bleibt, sollte man es während des Gefrierens mehrfach umrühren.

U

Unterheben/Unterziehen: Hier ist Fingerspitzengefühl gefragt. Beim Unterheben musst du nämlich mehrere Zutaten vorsichtig miteinander vermengen.

V

Vinaigrette: Eine klassische Vinaigrette besteht aus Essig und Öl sowie Salz und Pfeffer und wird vor allem für Salate verwendet.

W

Wasserbad: In einem heißen Wasserbad kannst du Zutaten schonend erhitzen und zum Beispiel Schokolade schmelzen.

Z

Zesten: Zesten sind hauchdünne Streifen aus Fruchtschalen oder Gemüse.

PLATZ FÜR EIGENE REZEPTE:

PLATZ FÜR EIGENE REZEPTE:

DANKSAGUNG

Danke an meine Eltern,

ihr seid nicht nur meine größte Motivation im Leben, sondern auch die Menschen, die mich auffangen, wenn mal nicht alles rund läuft. Ich liebe euch!

Danke an Valerija,

ich bin so stolz auf dich! Ich bin mir sicher, dass du deinen Weg gehen und meistern wirst. Ich könnte mir keine bessere Schwester vorstellen! Ich hab dich lieb!

Danke an Andrej,

egal wie weit wir voneinander getrennt sind, du bist immer für mich da! Du bist ein wahrer Freund und ich hoffe, dass wir irgendwann mit 80 noch zusammen SNES spielen.

Danke an Tine,

ohne dich wüsste ich oft nicht, wo mir der Kopf steht! Du bist nicht nur meine rechte Hand, sondern auch mein zweiter Kopf! Ohne dich wäre ich oft aufgeschmissen! Danke dir für deine Freundschaft und deine Loyalität!

Danke an Filipe,

du bringst jeden Tag Chaos in mein Leben, aber ich würde das für nichts eintauschen. Mit dir zusammen bin ich wieder 12 Jahre alt und wir erleben den verrücktesten Kram zusammen!

Danke an Falco,

nicht nur für deine Hammer-Illustrationen in diesem Buch, sondern auch für deinen Ehrgeiz und deinen Fleiß! Du motivierst mich so oft dadurch und ich wünsche dir allen Erfolg der Welt!

Danke an Jimmy

für deine Photoshop-Skills und die Inspiration, die du mir fürs Cover gegeben hast! Ohne dich, wäre das Cover wahrscheinlich nur grün und mein Gesicht wäre nur halb drauf. :D

Danke an Stephan Ortmanns,

egal wie oft wir zusammen arbeiten, du bekommst immer die besten Fotos von mir hin! Dein Engagement und Fleiß sind wirklich der Wahnsinn und ich hätte mir keinen besseren Fotografen für mein zweites Kochbuch vorstellen können als dich!

Danke an Cäthe,

nicht nur für dein tolles Auge bei den Bildern und dem Styling, vor allem auch für deine lebensfrohe Art und die gute Laune, die du mit ans Set bringst!

Danke an die Lektorin, Waltraud Grill,

oft haben mir die Worte gefehlt und ich wusste nicht so recht, wie ich mich ausdrücken soll. Sie haben immer die richtigen Worte gefunden und Dank Ihnen konnte ich mich in den Texten wirklich so ausdrücken, wie ich es fühle.
Danke für die Möglichkeit, meine Gedanken in Worte und Text zu bringen.

Danke an den Fischer Verlag,

besonders an Katharina und Juliane! Ohne euch würde dieses Buch wahrscheinlich nur halb so schön sein! Ihr seid wirklich der Wahnsinn und ich bin für eure Hilfe unendlich dankbar! Ihr habt wirklich alles gegeben, damit dieses Buch rechtzeitig erscheint und die Fans es schnell in den Händen halten können!

Danke an meine Community,

ohne euch würde es CrispyRob nicht geben und vor allem auch kein Kochbuch! Ihr ermöglicht es mir meinen Traum zu leben und ich wünsche jedem von euch, dass ihr eure Träume genauso verwirklichen und leben könnt wie ich.

Danke

BILDNACHWEIS: